500만 독자가 선택한

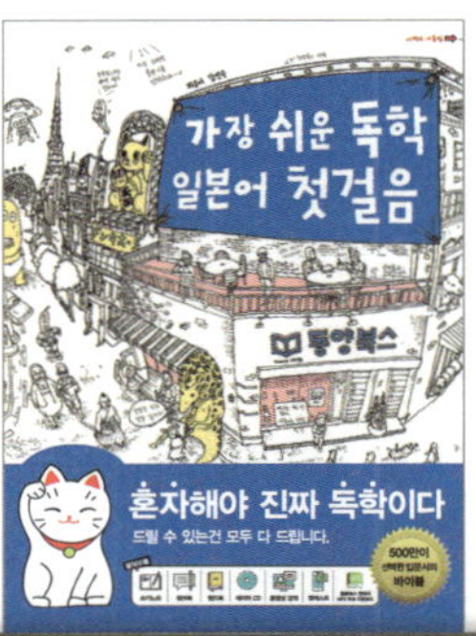

가장 쉬운
독학 일본어 첫걸음
14,000원

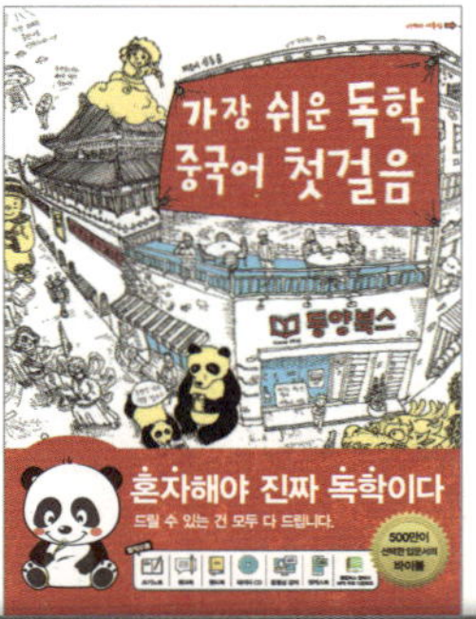

가장 쉬운
독학 중국어 첫걸음
14,000원

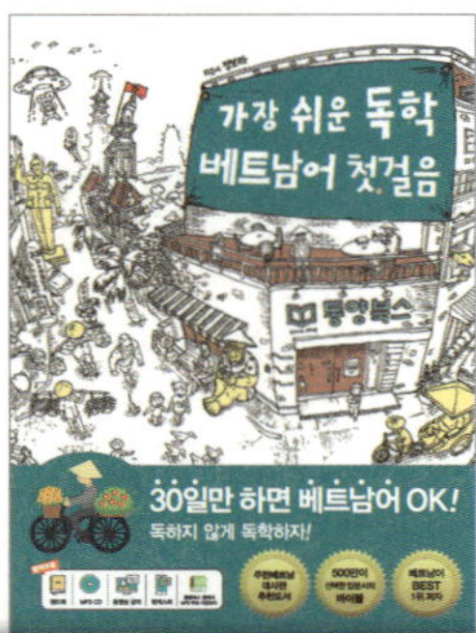

가장 쉬운
독학 베트남어 첫걸음
15,000원

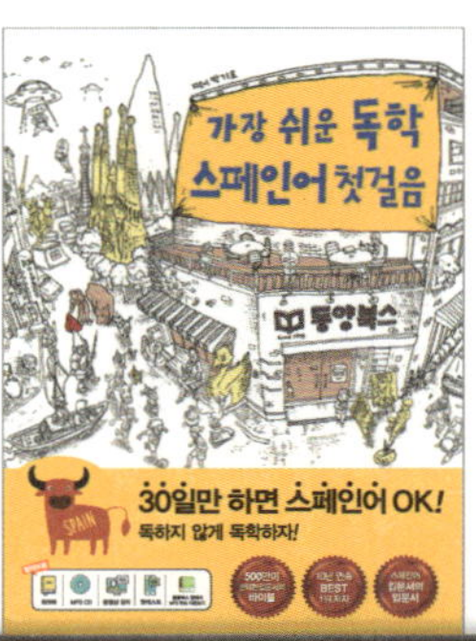

가장 쉬운
독학 스페인어 첫걸음
15,000원

가장 쉬운
독학 프랑스어 첫걸음
16,500원

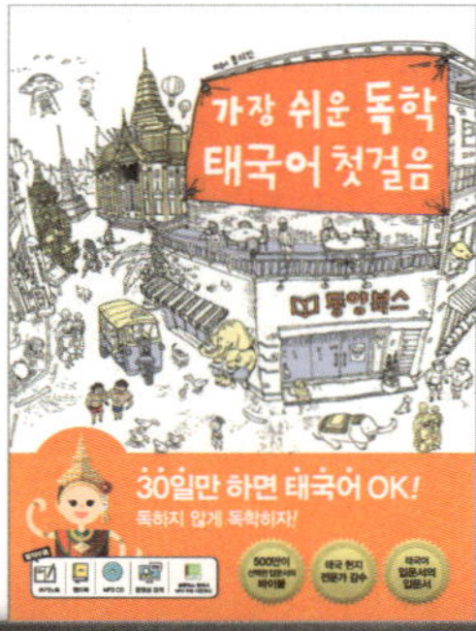

가장 쉬운
독학 태국어 첫걸음
16,500원

가장 쉬운
프랑스어 첫걸음의 모든 것
17,000원

가장 쉬운
독일어 첫걸음의 모든 것
18,000원

가장 쉬운
스페인어 첫걸음의 모든 것
14,500원

첫걸음 베스트 1위!

동양북스
www.dongyangbooks.com
m.dongyangbooks.com

가장 쉬운 러시아어
첫걸음의 모든 것
16,000원

가장 쉬운 이탈리아어
첫걸음의 모든 것
17,500원

가장 쉬운 포르투갈어
첫걸음의 모든 것
18,000원

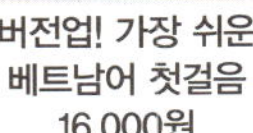

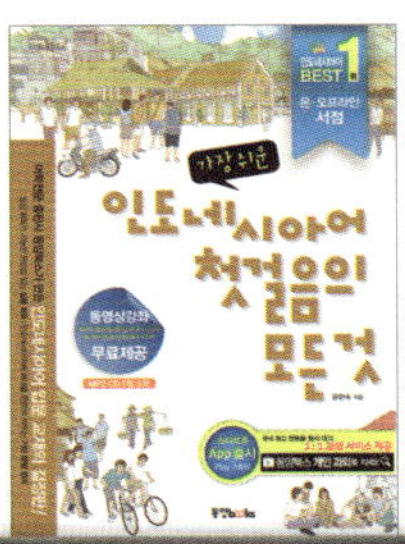

버전업! 가장 쉬운
베트남어 첫걸음
16,000원

가장 쉬운 터키어
첫걸음의 모든 것
16,500원

버전업! 가장 쉬운
아랍어 첫걸음
18,500원

가장 쉬운 인도네시아어
첫걸음의 모든 것
18,500원

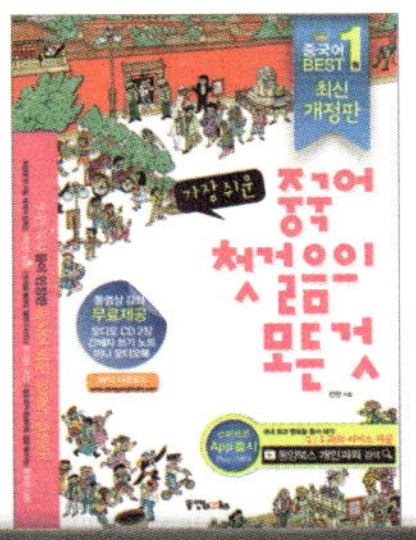

버전업! 가장 쉬운
태국어 첫걸음
16,800원

가장 쉬운 영어
첫걸음의 모든 것
16,500원

버전업! 굿모닝
독학 일본어 첫걸음
14,500원

가장 쉬운 중국어
첫걸음의 모든 것
14,500원

오늘부터는 팟캐스트로 공부하자!

팟캐스트 무료 음성 강의

▶1 iOS 사용자

Podcast 앱에서 '동양북스' 검색

▶2 안드로이드 사용자

플레이스토어에서 '팟빵' 등 팟캐스트 앱 다운로드, 다운받은 앱에서 '동양북스' 검색

▶3 PC에서

팟빵(www.podbbang.com)에서 '동양북스' 검색 애플 iTunes 프로그램에서 '동양북스' 검색

◉ **현재 서비스 중인 강의 목록** (팟캐스트 강의는 수시로 업데이트 됩니다.)

- 가장 쉬운 독학 일본어 첫걸음
- 페이의 적재적소 중국어
- 가장 쉬운 독학 중국어 첫걸음
- 중국어 한글로 시작해
- 가장 쉬운 독학 베트남어 첫걸음

첫걸음 끝내고 보는

태국어 중고급의 모든 것

이병도 지음

동양북스

첫걸음 끝내고 보는

태국어 중고급의 모든 것

초판 2쇄 인쇄 | 2019년 10월 5일
초판 2쇄 발행 | 2019년 10월 10일

지은이 | 이병도
발행인 | 김태웅
기획 편집 | 김현아
디자인 | 김민정
마케팅 | 나재승
제　작 | 현대순

발행처 | (주)동양북스
등　록 | 제 2014-000055호
주　소 | 서울시 마포구 동교로 22길 14 (04030)
구입 문의 | 전화 (02) 337-1737　팩스 (02)334-6624
내용 문의 | 전화 (02) 337-1763　dybooks2@gamil.com

ISBN 979-11-5703-154-2 13730

© 이병도, 2015

▶ 본 책은 저작권법에 의해 보호를 받는 저작물이므로 무단 전재와 복제를 금합니다.
▶ 잘못된 책은 구입처에서 교환해 드립니다.

이 도서의 국립중앙도서관 출판시도서목록(CIP)은 서지정보유통지원시스템 홈페이지(http://seoji.go.kr)와
국가자료공동목록시스템(http://www.nl.go.kr/kolisnet)에서 이용하실 수 있습니다.
(CIP제어번호:CIP2015024267)

　태국어를 혼자 학습하려는 분들을 위해 저자가 1999년에 출간한 『버전업! 가장 쉬운 태국어 첫걸음』으로 많은 분들이 태국어 초급 과정을 학습하였습니다. 이 교재는 개정 1판과 2판을 거치면서 국내 태국어 교재 분야에서 연속으로 '베스트셀러 1위' 자리를 꾸준히 지켜 오고 있습니다. 그간 태국어 초급 과정을 학습하신 많은 분들로부터 중급 이상의 태국어를 학습할 수 있도록 교재를 만들어 달라는 부탁을 많이 받고 어떻게 하면 태국어 학습자들이 태국어 회화를 더욱 유창하게 구사할 수 있을지에 대해 고민해 왔습니다.

　이 책은 태국인과의 원활한 회화를 마스터할 수 있도록 구성했습니다. 기본 회화편에는 상황별 유용한 문장과 단어가 제시되어 있고, 핵심 포인트에서는 태국인들이 자주 사용하는 관용구와 숙어, 그리고 예문을 통해 태국어 학습자들이 접하기 어려운 표현을 학습할 수 있도록 하였습니다. 또한 활용 표현에서는 상황에 따른 다양한 표현의 문장을 제시함으로써 실제 상황에 많은 도움이 될 수 있도록 하였습니다.

　이 책을 출간하는 데 지원과 격려를 아끼지 않으신 동양북스 김태웅 사장님, 그리고 편집과 교정에 많은 도움을 주신 김현아 대리님과 편집부원 모든 분들께 감사를 드립니다. 아울러 태국어 감수를 해 주신 태국 까쎗샷 국립 대학교 분룻 교수님과 치앙마이라차팟 국립 대학교 와티니 교수님께도 깊은 감사의 말씀을 드립니다.

저자 이병도

목 차

이 책의 구성과 특징

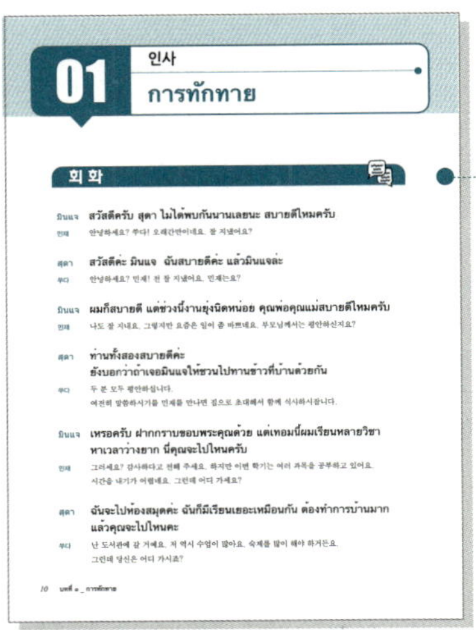

회화

상황별, 주제별 기본 회화를 익힙니다.
꼭 알아야 할 구문과 표현이 포함된 부분을
미리 소개한 것입니다.
CD음원을 활용해 발음과 문장을 배워 보세요.

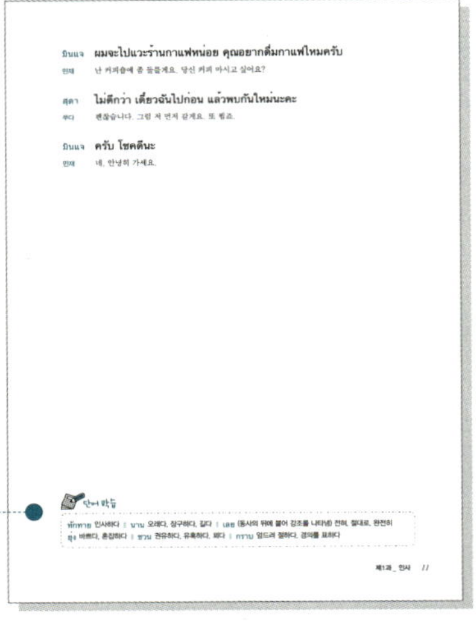

단어 학습

각 회화문에서 새로 나온 단어와 중요 단어들을
소개했습니다.
본문과 함께 보면 쉽게 외워지고,
꾸준히 정리해서 외우면 실력이 됩니다.

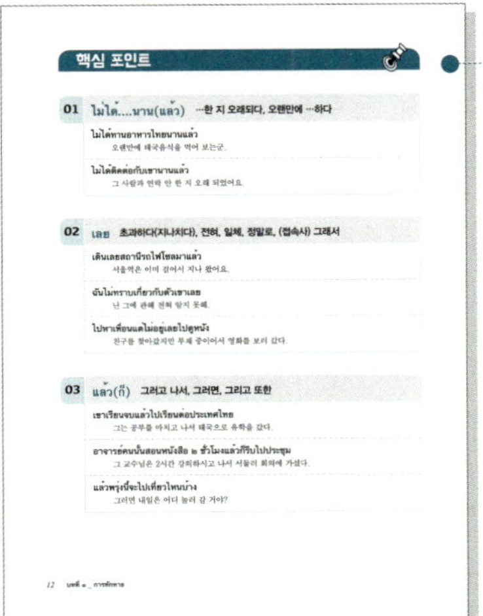

핵심 포인트

태국어 핵심 구문을 모아 예문과 함께
제시했습니다.
실제로 문장에서 어떻게 쓰이는지 확인하고
학습해 보세요.

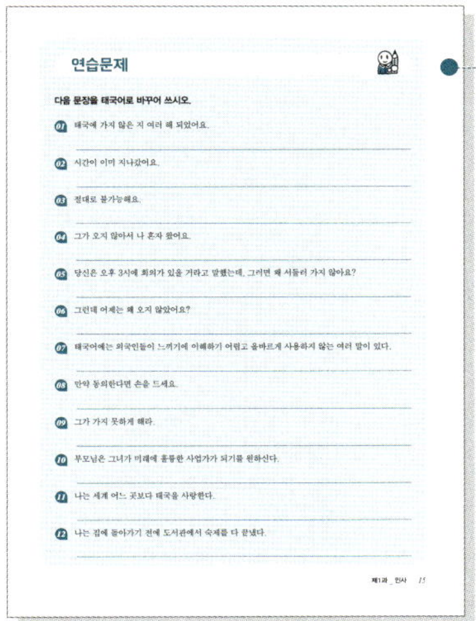

연습문제

앞에서 배운 표현을 직접 써 보면서 확인할 수 있습니다.
한국어 문장을 태국어로 바꿔 쓰고 실력을 확인해 보세요.

활용 표현

각 과마다 제시되는 상황에 나올 법한 예문을 실었습니다.
다양한 태국어 표현을 직접 문장 속에서 확인해 보세요.

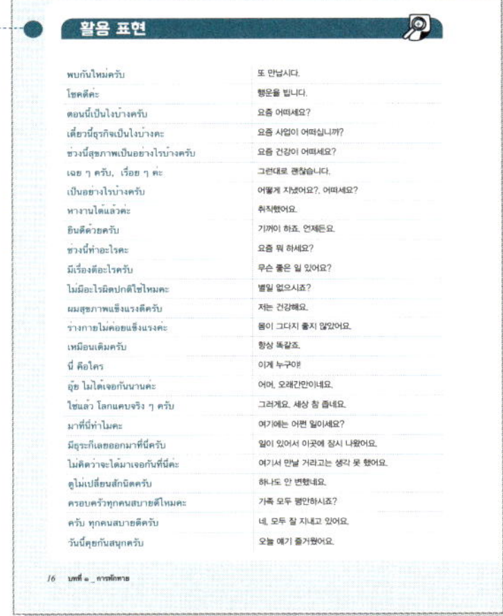

연습문제 정답

연습문제에서 했던 태국어 작문의 정답을 확인해 보세요.
앞에서 배웠던 표현을 활용해서 태국어로 쓰고, 말할 수 있도록 복습하는 파트입니다.

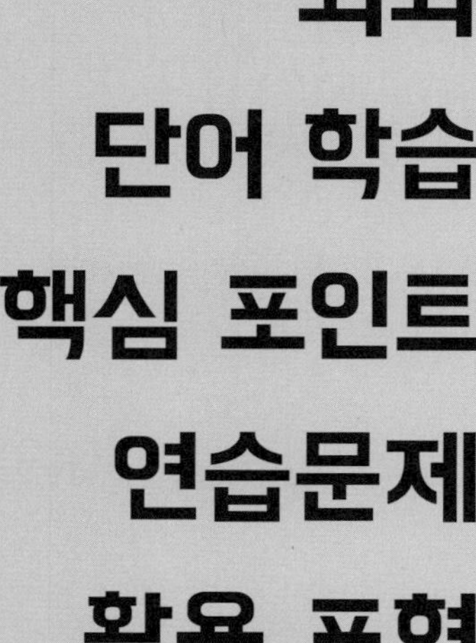

회화

단어 학습

핵심 포인트

연습문제

활용 표현

01 การทักทาย

회화 

มินแจ **สวัสดีครับ สุดา ไม่ได้พบกันนานเลยนะ สบายดีไหมครับ**

민재 안녕하세요? 쑤다! 오래간만이네요. 잘 지냈어요?

สุดา **สวัสดีค่ะ มินแจ ฉันสบายดีค่ะ แล้วมินแจล่ะ**

쑤다 안녕하세요? 민재! 전 잘 지냈어요. 민재는요?

มินแจ **ผมก็สบายดี แต่ช่วงนี้งานยุ่งนิดหน่อย คุณพ่อคุณแม่สบายดีไหมครับ**

민재 나도 잘 지내요. 그렇지만 요즘은 일이 좀 바쁘네요. 부모님께서는 평안하신지요?

สุดา **ท่านทั้งสองสบายดีค่ะ**
ยังบอกว่าถ้าเจอมินแจให้ชวนไปทานข้าวที่บ้านด้วยกัน

쑤다 두 분 모두 평안하십니다.
여전히 말씀하시기를 민재를 만나면 집으로 초대해서 함께 식사하시잡니다.

มินแจ **เหรอครับ ฝากกราบขอบพระคุณด้วย แต่เทอมนี้ผมเรียนหลายวิชา**
หาเวลาว่างยาก นี่คุณจะไปไหนครับ

민재 그러세요? 감사하다고 전해 주세요. 하지만 이번 학기는 여러 과목을 공부하고 있어요.
시간을 내기가 어렵네요. 그런데 어디 가세요?

สุดา **ฉันจะไปห้องสมุดค่ะ ฉันก็มีเรียนเยอะเหมือนกัน ต้องทำการบ้านมาก**
แล้วคุณจะไปไหนคะ

쑤다 난 도서관에 갈 거예요. 저 역시 수업이 많아요. 숙제를 많이 해야 하거든요.
그런데 당신은 어디 가시죠?

มินแจ   **ผมจะไปแวะร้านกาแฟหน่อย คุณอยากดื่มกาแฟไหมครับ**
민재   난 커피숍에 좀 들를게요. 당신 커피 마시고 싶어요?

สุดา   **ไม่ดีกว่า เดี๋ยวฉันไปก่อน แล้วพบกันใหม่นะคะ**
쑤다   괜찮습니다. 그럼 저 먼저 갈게요. 또 뵙죠.

มินแจ   **ครับ โชคดีนะ**
민재   네, 안녕히 가세요.

단어 학습

ทักทาย 인사하다 ▮ นาน 오래다, 장구하다, 길다 ▮ เลย (동사의 뒤에 붙어 강조를 나타냄) 전혀, 절대로, 완전히
ยุ่ง 바쁘다, 혼잡하다 ▮ ชวน 권유하다, 유혹하다, 꾀다 ▮ กราบ 엎드려 절하다, 경의를 표하다

01 ไม่ได้....นาน(แล้ว) …한 지 오래되다, 오랜만에 …하다

ไม่ได้ทานอาหารไทยนานแล้ว
> 오랜만에 태국음식을 먹어 보는군.

ไม่ได้ติดต่อกับเขานานแล้ว
> 그 사람과 연락 안 한 지 오래 되었어요.

02 เลย 초과하다(지나치다), 전혀, 일체, 정말로, (접속사) 그래서

เดินเลยสถานีรถไฟโซลมาแล้ว
> 서울역은 이미 걸어서 지나 왔어요.

ฉันไม่ทราบเกี่ยวกับตัวเขาเลย
> 난 그에 관해 전혀 알지 못해.

ไปหาเพื่อนแต่ไม่อยู่เลยไปดูหนัง
> 친구를 찾아갔지만 부재 중이어서 영화를 보러 갔다.

03 แล้ว(ก็) 그러고 나서, 그러면, 그리고 또한

เขาเรียนจบแล้วไปเรียนต่อประเทศไทย
> 그는 공부를 마치고 나서 태국으로 유학을 갔다.

อาจารย์คนนั้นสอนหนังสือ ๒ ชั่วโมงแล้วก็รีบไปประชุม
> 그 교수님은 2시간 강의하시고 나서 서둘러 회의에 가셨다.

แล้วพรุ่งนี้จะไปเที่ยวไหนบ้าง
> 그러면 내일은 어디 놀러 갈 거야?

04 　ก็ 　…도 또한, …면, …도, 그런데, 그래서

คุณแม่ก็ไม่ชอบไปปีนภูเขา
어머니도 등산하러 가시는 것을 좋아하지 않아.

คุณไม่ไปผมก็ไม่ไป
당신이 안 가면 나도 안 가요.

ทำดีก็ได้ผลดีทำชั่วก็ได้ผลชั่ว
선을 행하면 좋은 결과를 얻고, 악을 행하면 나쁜 결과를 얻는다.

05 　ว่า... 　…라고, …인지, …같이

คิดว่าถ้าเป็นเงื่อนไขนี้ไม่สามารถจะตกลงกันได้
만약 이 조건이라면 합의할 수 없다고 생각합니다.

เห็นว่าไม่สามารถจะทำเล็กกว่านี้ได้
이 보다 더 작게 할 수 없다고 보여집니다.

06 　ถ้า(ว่า), ถ้าหาก(ว่า), หาก 　만약, 만일

ถ้าฉันอยู่ในฐานะคุณฉันจะไม่ทำเช่นนั้น
만약 내가 당신 입장이라면 나는 그렇게 하지 않을 텐데.

ถ้าบริษัทแห่งใดแห่งหนึ่งจะให้เงินเดือนสูงกว่าที่ผมได้รับเดี๋ยวนี้ผมจะไปทำงานกับบริษัทนั้น
만약 어떤 회사가 현재 내가 받고 있는 월급보다 많이 준다면 나는 그 회사에 가서 일
을 할 것이다.

07 　ให้ 　(사역 조동사) …하도록, …하게끔

ช่วยบอกให้เขาจัดการเรื่องนี้หน่อย
그에게 이 일을 처리하도록 말해 주세요.

ครูสั่งให้นักเรียนทำความสะอาดห้อง
선생님이 학생들에게 방 청소를 하도록 시킨다.

08 อยาก(จะ) ⋯하고 싶다, ⋯를 원하다

ผมอยากจะเรียนภาษาและวัฒนธรรมไทย
난 태국어와 태국 문화를 배우고 싶다.

ตั้งแต่ตอนเด็ก ๆ เขาอยากจะเป็นนักวิชาการในอนาคต
그는 어릴 때부터 미래에 학자가 되기를 원했다.

09 กว่า ⋯보다 더, ⋯이상으로   กว่าจะ ⋯하기까지

ถึงแม้เขามีอายุมากกว่าผมแต่ดูเหมือนยังหนุ่มกว่าผม
그는 나보다 나이가 많지만 나보다 어려 보인다.

คาดว่าปีนี้นักเรียนที่จะสมัครสอบเข้าภาควิชาภาษาไทยมากกว่า ๓๐ คน
올해 태국어과 입학에 지원하려는 학생이 30명 이상일 것으로 예상된다.

กว่าผมจะหาบ้านนี้ต้องใช้เวลามากกว่า ๒ ชั่วโมง
나는 이 집을 찾기까지 2시간 이상 걸려야 했다.

กว่าจะเรียกหมอมาได้เสียเวลามาก เขาจึงตายเสียก่อนแล้ว
의사를 불러 오기까지 시간이 많이 걸려 그는 이미 죽었다.

10 ก่อน(จะ), ก่อนที่(จะ) ⋯하기 전에

ก่อนที่ผมมาถึงเขาไปก่อนแล้ว
내가 도착하기 전에 그는 이미 가 버렸다.

ก่อนเข้าที่นอนล้างหน้าให้สะอาดก่อนนะ
잠자리에 들기 전에 먼저 얼굴을 깨끗이 씻으세요.

연습문제

다음 문장을 태국어로 바꾸어 쓰시오.

01 태국에 가지 않은 지 여러 해 되었어요.

02 시간이 이미 지나갔어요.

03 절대로 불가능해요.

04 그가 오지 않아서 나 혼자 왔어요.

05 당신은 오후 3시에 회의가 있을 거라고 말했는데, 그러면 왜 서둘러 가지 않아요?

06 그런데 어제는 왜 오지 않았어요?

07 태국어에는 외국인들이 느끼기에 이해하기 어렵고 올바르게 사용하지 않는 여러 말이 있다.

08 만약 동의한다면 손을 드세요.

09 그가 가지 못하게 해라.

10 부모님은 그녀가 미래에 훌륭한 사업가가 되기를 원하신다.

11 나는 세계 어느 곳보다 태국을 사랑한다.

12 나는 집에 돌아가기 전에 도서관에서 숙제를 다 끝냈다.

พบกันใหม่ครับ	또 만납시다.
โชคดีค่ะ	행운을 빕니다.
ตอนนี้เป็นไงบ้างครับ	요즘 어떠세요?
เดี๋ยวนี้ธุรกิจเป็นไงบ้างคะ	요즘 사업이 어떠십니까?
ช่วงนี้สุขภาพเป็นอย่างไรบ้างครับ	요즘 건강이 어떠세요?
เฉย ๆ ครับ, เรื่อย ๆ ค่ะ	그런대로 괜찮습니다.
เป็นอย่างไรบ้างครับ	어떻게 지냈어요?, 어떠세요?
หางานได้แล้วค่ะ	취직했어요.
ยินดีด้วยครับ	기꺼이 하죠. 언제든요.
ช่วงนี้ทำอะไรคะ	요즘 뭐 하세요?
มีเรื่องดีอะไรครับ	무슨 좋은 일 있어요?
ไม่มีอะไรผิดปกติใช้ไหมคะ	별일 없으시죠?
ผมสุขภาพแข็งแรงดีครับ	저는 건강해요.
ร่างกายไม่ค่อยแข็งแรงค่ะ	몸이 그다지 좋지 않았어요.
เหมือนเดิมครับ	항상 똑같죠.
นี่ คือใคร	이게 누구야!
อุ๊ย ไม่ได้เจอกันนานค่ะ	어머, 오래간만이네요.
ใช่แล้ว โลกแคบจริง ๆ ครับ	그러게요. 세상 참 좁네요.
มาที่นี่ทำไมคะ	여기에는 어쩐 일이세요?
มีธุระก็เลยมาที่นี่ครับ	일이 있어서 이곳에 왔어요.
ไม่คิดว่าจะได้มาเจอกันที่นี่ค่ะ	여기서 만날 거라고는 생각 못 했어요.
ดูไม่เปลี่ยนสักนิดครับ	하나도 안 변했네요.
ครอบครัวทุกคนสบายดีไหมคะ	가족 모두 평안하시죠?
ครับ ทุกคนสบายดีครับ	네, 모두 잘 지내고 있어요.
วันนี้คุยกันสนุกครับ	오늘 얘기 즐거웠어요.

ดิฉันก็ดีใจที่ได้พบ	저도 만나서 반가웠어요.
คราวหน้าเจอกันอีกนะคะ	나중에 또 만나요.
ขอให้มีความสุขมาก ๆ ในวันนี้นะครับ	좋은 하루 보내세요.
ต่อไปเจอกันบ่อย ๆ นะคะ	앞으로 자주 만나요.
เดินทางปลอดภัยนะครับ	살펴 가세요.
ดิฉันกลับก่อนนะคะ	먼저 갈게요.
สวัสดี พรุ่งนี้เจอกัน	안녕, 내일 봐요.
เดี๋ยวเจอกันนะครับ	이따가 봐요.
ค่อยเจอกันใหม่นะคะ	또 봅시다.
ทุกคนสบายดีครับ	모두 잘 있어요.
เที่ยวให้สนุกนะคะ	여행 잘 하세요.
ติดต่อมาบ่อย ๆ นะครับ	자주 연락해요.
ผมจะติดต่อมาอีกทีครับ	제가 다시 연락 드릴게요.
ติดต่อมาทางอีเมล์นะคะ	이메일로 연락 주세요.
ติดต่อมาทางเฟซบุ๊กนะครับ	페이스북으로 연락 주세요
ถึงแล้วโทรมาด้วยนะคะ	도착하는 대로 전화해 주세요.
ขอให้ประสบผลสำเร็จนะครับ	좋은 성과가 있으시길 빌어요.
สุขสันต์วันปีใหม่ค่ะ	새해 복 많이 받으세요.
ขอให้โชคดีตลอดปีนะครับ	올 한해 잘되시길 빌어요.
เป็นวันที่ดีที่สุดในชีวิตของดิฉันค่ะ	내 생애 최고의 날이에요.
ไม่เคยดีใจเท่านี้มาก่อนเลยครับ	이렇게 기쁜 적이 없었어요.
เป็นเรื่องที่น่ายินดีตั้งแต่เคยได้ยินมาค่ะ	듣던 중 반가운 소리네요.
ดีใจจนทำอะไรไม่ถูกเลยครับ	기뻐서 어쩔 줄 모르겠어요.
คงจะดีใจมากเลยนะคะ	아주 기쁘시겠어요.
ใช่ครับ สนุกจริง ๆ ครับ	네, 정말 즐거웠어요.
สุดยอดไปเลยครับ	최고예요.
รอยยิ้มแห่งความสุขไม่ได้หายไปจากใบหน้าของคุณเลยค่ะ	당신의 얼굴에서 행복한 미소가 떠나질 않아요.

เป็นความเพ้อฝันค่ะ	환상적이에요.
สง่าจังเลยครับ	멋지네요.
ทำได้ดีอยู่ค่ะ	잘하고 있어요.
เก่งมากครับ	아주 잘했어요.
น่าภูมิใจในตัวคุณนะคะ	당신이 자랑스러워요.
น่าอิจฉาจริง ๆ ครับ	정말 부러워요.
เก่งมาก ๆ เลยนะคะ	참 잘하는군요.
ใจดีจริง ๆ เลยครับ	참 친절하네요.
หัวดีนะคะ	머리가 좋군요.
เป็นคนฉลาดจังครับ	똑똑한 사람이네요.
เป็นผู้ที่ดูดีไปหมดเลยค่ะ	팔방미인이군요.

02 소개

การแนะนำ

회화

มินแจ สวัสดีครับ สุดา ยินดีต้อนรับมาประเทศเกาหลีนะ
민재 안녕하세요? 쑤다! 한국에 오신 것을 환영합니다.

สุดา สวัสดีค่ะ มินแจ สบายดีใช่ไหม ดีใจจริง ๆ ที่ได้พบกันอีกนะคะ
쑤다 안녕하세요? 민재! 평안하셨죠? 다시 만나게 되어 정말 기뻐요.

มินแจ ผมก็ดีใจเหมือนกัน เดินทางเป็นไงบ้าง
민재 저도 역시 기뻐요. 여행은 어땠어요?

สุดา ก็สนุกดี
쑤다 재미있었어요.

มินแจ คงเหนื่อยแน่ รีบไปพักผ่อนที่พักก่อนนะ แล้วไปพบครอบครัวผมหน่อย
민재 아마 피곤하시겠네요. 우선 서둘러 숙소로 갑시다. 그리고 나서 저희 가족을 만나러 가요.

สุดา ดีเหมือนกันค่ะ
쑤다 좋아요.

มินแจ สวัสดีครับ ทุกท่าน ผมขอแนะนำเพื่อนคนไทยให้รู้จักกันนะครับ
นี่คุณสุดาครับ
민재 안녕하세요? 여러분! 제가 태국인 친구를 소개할게요. 이쪽은 쑤다 씨예요.

สุดา **สวัสดีค่ะ ดิฉันชื่อสุดา เป็นเพื่อนมินแจค่ะ**

쑤다 안녕하세요? 제 이름은 쑤다입니다. 민재 친구예요.

มินแจ **นี่คุณพ่อคุณแม่ผม คุณพ่อเป็นข้าราชการ ส่วนคุณแม่ดูแลบ้าน**

민재 이 분이 저의 부모님입니다. 아버지는 공무원이시고 어머니는 집안 일을 돌보시죠.

สุดา **สวัสดีค่ะ ยินดีที่ได้รู้จักค่ะ**

쑤다 안녕하세요? 알게 되어서 반갑습니다.

คุณพ่อ **เช่นเดียวกันครับ ยินดีที่ได้มาเยี่ยมครอบครัวผม**

아버지 마찬가지예요. 저희 가족을 방문해 주셔서 기쁩니다.

มินแจ **แล้วก็นี่ดงโอ น้องชายและนี่ซูจี น้องสาวผม**
ดงโอเรียนอยู่ประถมศึกษาชั้นปีที่ ๓ และซูจีเรียนอยู่มัธยมศึกษาชั้นปีที่ ๔

민재 그리고 이쪽은 남동생 동오이고, 이쪽은 여동생 수지예요.
동오는 초등학교 3학년에 다니고 있고, 수지는 고등학교 1학년 입니다.

สุดา **สวัสดีค่ะ ดีใจที่ได้พบกันนะคะ**

쑤다 안녕하세요? 만나게 되어 기쁩니다.

มินแจ **สุดา เชิญนั่งตรงนี้ เชิญตามสบายเหมือนบ้านคุณนะ**

민재 쑤다! 이쪽으로 앉으세요. 당신 집처럼 편안하게 하세요.

สุดา **อุ๊ย ดึกแล้วนะคะ ขอโทษค่ะ ไม่รู้เวลาเลยค่ะ ดิฉันต้องลานะคะ**
ขอขอบพระคุณที่ได้เชิญรับประทานอาหารเย็นในวันนี้นะคะ
รู้สึกเป็นเกียรติที่ได้พบทุก ๆ ท่านนะคะ สวัสดีค่ะ

쑤다 어이쿠! 밤이 깊어졌네요. 죄송합니다. 시간 가는 줄 모르고 있었어요. 저 가야 하겠는데요.
오늘 저녁 식사 초대해 주셔서 감사 드립니다. 모든 분들을 만나게 되어서 영광으로 생각합니다.
안녕히 계세요.

มินแจ ผมจะไปส่งสถานีรถไฟใต้ดินนะ

민재   제가 지하철역에 배웅할게요.

สุดา ขอบคุณมากค่ะ มินแจ วันนี้รู้สึกประทับใจมาก
      คิดว่าครอบครัวคุณทุกคนเป็นคนใจดีจริง ๆ นะคะ
      คุณพ่อคุณแม่มีน้ำใจดีเหมือนคนไทยและน้อง ๆ ก็น่ารักและอัธยาศัยดี
      รถไฟมาแล้ว ราตรีสวัสดิ์ค่ะ มินแจ

쑤다   고맙습니다. 민재! 오늘 매우 감명 깊었습니다.
      가족 분들 모두가 정말로 친절한 분들이라고 생각해요.
      부모님은 태국인처럼 인정 있으시고 동생들도 귀엽고 성격이 좋네요.
      기차가 왔네요. 잘 자요! 민재!

มินแจ ราตรีสวัสดิ์เช่นกัน ขอให้กลับไปโดยปลอดภัยนะครับ พบกันพรุ่งนี้อีกครั้ง

민재   안녕히 가세요. 조심히 돌아가세요. 내일 또 만납시다.

단어 학습

แน่ 정말로, 분명히, 확실히 ▌ รีบ 서두르다, 빨리 ▌ ข้าราชการ 공무원, 관료
ส่วน 부분, 성분, 비례, 비율, (접속사) 한편, …로서는 ▌ เยี่ยม 방문하다, 최고의, 최우수의, 빼어난
ประถมศึกษา 초등교육 ▌ โรงเรียนประถมศึกษา 초등학교 ▌ มัธยมศึกษา 중등교육
โรงเรียนมัธยมศึกษา 중등학교 ▌ เกียรติ 영예, 명예, 명성, 존경 ▌ ไปส่ง 배웅하다, 전송하다
สถานีรถไฟใต้ดิน 지하철 ▌ ประทับใจ 인상 받다, 감명 깊다
ใจดี 인정이 많다, 자비롭다, 마음씨가 착하다, 친절하다 ▌ น้ำใจ 심성, 본심, 성격, 인정
อัธยาศัย 성격, 품격, 예의 바른 품행 ▌ ราตรีสวัสดิ์ 저녁 인사(안녕히 주무세요) ▌ ปลอดภัย 안전하다

01 　ที่ **(관계 대명사)** ···하는,　···해서,　···하니

มนุษย์เป็นสัตว์ประเภทเดียวที่สามารถพูดได้
　인간은 말을 할 수 있는 유일한 동물입니다.

นี่เป็นสาเหตุที่ผมเลิกกินเหล้า
　이것이 내가 술을 끊은 이유입니다.

02 　ได้ **(과거 조동사)** ···했다, **(가능, 능력 조동사)** ···할 수 있다

วันนี้ฝนตก แต่ไม่ได้เอาร่มมา
　오늘 비가 오는데 우산을 가져 오지 않았어요.

คุณพูดภาษาอังกฤษได้ไหม
　당신은 영어를 말할 수 있나요?

03 　คง(จะ)　아마

ถ้าเขาเจอดิฉันคงจะดีใจ
　만약에 그가 나를 만나면 아마도 기뻐할 거예요.

พรุ่งนี้ฝนคงจะไม่ตก
　내일은 아마도 비가 오지 않을 것 같아요.

04 　นี่　이것, 이 사람, 이 분, 이쪽

นี่นางสาวพรทิพย์ ผู้จัดการแผนกระหว่างประเทศ
　이 분은 국제부 매니저인 Miss 펀팁입니다.

คนนี้ใครครับ
　이쪽(이분)은 누구십니까?

05   เช่นเดียวกัน(กับ)   …와 마찬가지로, …처럼

เขาเป็นคนจริงจังต่อครอบครัวเช่นเดียวกับการปฏิบัติในที่ทำงาน
그는 직장에서와 마찬가지로 가정에서도 충실한 사람입니다.

ประเทศไทยก็กำลังจะเป็นประเทศสำคัญทางเศรษฐกิจในเอเชียเช่นเดียวกับประเทศเกาหลี
태국도 한국처럼 아시아에서 경제적으로 중요한 국가가 되고 있습니다.

06   โรงเรียน   학교

โรงเรียนมัธยมตอนต้น 중학교	โรงเรียนมัธยมตอนปลาย 고등학교
วิทยาลัย 전문대학	มหาวิทยาลัย 대학교
สมาคม 학회, 협회	คณะ 단과대학
บัณฑิตวิทยาลัย 대학원	สถาบันวิจัย 연구소

07   ตาม, ตามที่   …따라, …에 의하면

ผู้หญิงคนนั้นเดินไปตามถนนเรื่อย ๆ
그 여자는 길을 따라 계속 걸어간다.

ตามข่าวว่าเดือนที่แล้วประเทศไทยได้ประสบอุทกภัยอันยิ่งใหญ่
소식에 의하면 지난 달에 태국은 큰 홍수를 겪었다고 한다.

08   เหมือน, เหมือนกับ, อย่าง, อย่างกับ   …처럼, …같이

กระเป๋าใบนั้นเหมือนกับกระเป๋าที่ดิฉันทำหาย
그 가방은 내가 잃어버린 가방과 같습니다.

ผมเห็นคนที่หน้าตาเหมือนกับคุณ
나는 당신과 얼굴이 같은 사람을 보았어요.

09 เป็น ···로, ···으로(자격, 신분, 위치, 지위)

ประเทศไทยแบ่งออกเป็น ๗๗ จังหวัด
태국은 77개의 주로 나누어진다.

ผมในฐานะเป็นหัวหน้านักศึกษารู้สึกขอบคุณที่ได้รับเชิญมาในวันเกิดของคุณ
나는 학생 대표의 입장으로 당신의 생일에 초대를 받은 데 대해 감사하게 생각합니다.

ในการเลือกตั้งที่ผ่านมาแล้วประชาชนเกาหลีได้เลือกประธานาธิบดีหญิงเป็นครั้งแรกใน
ประวัติศาสตร์เกาหลี
지난 선거에서 한국 국민들은 한국 역사상 처음으로 여성 대통령을 선출했다.

10 ไปส่ง 배웅하다 มารับ 마중하러 가다

ผมจะพาไปส่งที่บริษัท
제가 회사까지 모시겠습니다.

ผมจะมารับที่สนามบินนะคับ
제가 공항으로 마중 갈게요.

연습문제

다음 문장을 태국어로 바꾸어 쓰시오.

01 오늘 할 일이 없어요.

02 당신이 아래의 이야기를 읽으면 커피의 유래를 알 수 있을 것이다.

03 적이 침입하여 사원을 모두 파괴했다.

04 그는 늦게 일어나서 아마도 회사에 제 시간에 가지 못할 것이다.

05 쑤다는 나처럼 예의 바른 학생이다.

06 우리는 법률에 따라 이행해야 한다.

07 이 오렌지 주스는 꿀처럼 달다.

08 때때로 과학자들은 물고기를 실험동물로 이용한다.

09 우리는 침실을 주방이나 혹은 응접실로 사용하지 않는다.

นามสกุลของคุณอ่านว่าอย่างไรคะ	당신의 성은 어떻게 읽습니까?
ท่านนี้คือ คุณปัก จง ซอง	이분은 박종성 씨입니다.
ผมจะแนะนำท่านนี้ให้รู้จักกันครับ	제가 이분을 소개할게요.
ขอโทษ ตอนนี้ไม่มีนามบัตรค่ะ	죄송합니다. 지금 명함이 없어서요.
คนนี้คือ คุณสมบัติจากบริษัทสยามการค้าครับ	이 쪽은 싸얌 무역회사의 쏨밧 씨입니다.
ถามชื่อได้ไหมคะ	성함을 여쭤 봐도 될까요?
เรียกว่าชอลซูก็ได้ครับ	철수라고 불러 주세요.
เคยได้ยินชื่อนี้มาเหมือนกันค่ะ	말씀 들은 적이 있어요.
ชื่อ สะกดอย่างไรครับ	이름의 철자가 어떻게 되세요?
ยินที่ได้รู้จักครั้งแรก ผมชื่อสมชายครับ	처음 뵙겠습니다. 저는 쏨차이라고 해요.
เช่นเดียวกันค่ะ	마찬가지입니다.
มาที่นี่ครั้งแรกหรือเปล่าครับ	이곳은 처음이에요?
ค่ะ ครั้งแรกค่ะ	네, 처음이에요.
ผมจะแนะนำเพื่อนให้รู้จักนะครับ นี่คือคุณ คิมชอลซู ครับ	제 친구를 소개할게요. 이쪽은 김철수 씨예요.
ด้านนี้ คือ คุณไพศาลครับ	이쪽은 파이싼 씨예요.
สวัสดีครับ ผมชื่อ ไพศาล ทำงานที่ศาลา กลางครับ	안녕하세요. 시청에서 근무하는 파이싼입니다.

회 화

สุดา	**ฮัลโหล มินแจ**
쑤다	여보세요? 민재.

มินแจ	**ฮัลโหล สุดาเหรอ อยู่ไหนครับ มาถึงที่มหาวิทยาลัยแล้วหรือ**
민재	여보세요? 쑤다니? 어디에 있어? 학교에 도착했니?

สุดา	**ยังค่ะ ฉันอยากจะบอกว่าวันนี้อาจจะมาไม่ได้นะคะ** **ขอโทษจริง ๆ ที่ลืมโทร**
쑤다	아직. 오늘 아마 갈 수가 없다고 말하려고. 전화하는 걸 잊어서 정말로 미안해.

มินแจ	**เหรอ มีเรื่องอะไรไหม ยังอยู่ที่พักหรือ**
민재	그러니? 무슨 일 있어? 아직 숙소에 있니?

สุดา	**เปล่าค่ะ ฉันอยู่ที่โรงพยาบาล**
쑤다	아니. 난 병원에 있어.

มินแจ	**อ้าว เป็นอะไร ไม่สบายเหรอ**
민재	아이고! 왜 그래? 어디 아프니?

สุดา	**เปล่า ฉันไม่เป็นอะไร แต่เพื่อนฉันไม่สบายอย่างกระทันหันตั้งแต่เมื่อคืน** **ฉันไม่รู้จะทำยังไง ก็เลยเรียกรถพยาบาลพามาโรงพยาบาล**

쑤다   아냐. 난 괜찮아. 그런데 내 친구가 어제 저녁부터 갑자기 몸이 좋지 않아.
　　　　어떻게 해야 할지 몰라서 구급차를 불러 병원으로 데리고 왔어.

มินแจ　**งั้นหรือ ใจหายใจคว่ำหมดเลย แล้วตอนนี้เขาเป็นไงบ้าง**

민재   그러니? 가슴이 조마조마했네. 그럼 지금 친구는 어떠니?

สุดา　**ก็ดีขึ้นแล้วนะ แต่คุณหมอบอกว่าต้องรักษาสองสามวันอีก**
　　　　คิดว่าฉันก็ต้องอยู่กับเขา ขอโทษที่ผิดนัดนะคะ

쑤다   좀 나아졌어. 그러나 의사선생님이 2, 3일 더 치료해야 한다고 말씀하셨어.
　　　　내가 친구와 함께 있어야 할 것 같아. 약속을 지키지 못해서 미안하구나.

มินแจ　**แหม ไม่เป็นไรน่า ผมก็เสียใจด้วย ดูแลเพื่อนให้ดี**
　　　　เดี๋ยวตอนเย็นผมก็จะมาเยี่ยมด้วยนะ มีอะไรให้ผมช่วยไหม

민재   아이고! 괜찮아. 나 역시 안타깝구나. 친구 잘 돌봐 줘.
　　　　조금 있다 저녁에 방문할게. 내가 뭐 도와 줄 일 없을까?

สุดา　**คงไม่ต้องนะ ขอบคุณที่เป็นห่วงนะคะ**

쑤다   아마도 필요 없을 것 같아. 걱정해 주어서 고마워.

단어 학습

แสดง 표시하다, 표현하다, 연기하다, 발표하다 ▮ **ลืม** 잊다, 망각하다 ▮ **เป็นอะไร** 무슨 일인가? 어떻게 된 것인가?
กะทันหัน 갑작스럽게, 별안간, 돌연 ▮ **รถพยาบาล** 구급차, 앰뷸런스
รักษา 치료하다, 진료하다, 간호하다, 보존하다, 지키다, 방어하다
เสียใจ 상심하다, 후회하다, 유감스럽다 ▮ **เป็นห่วง** 근심하다, 걱정하다

핵심 포인트

01 ถึง

1) …에 도착하다, 이르다

คุณสมชายถึงประเทศเกาหลีเมื่อคืน

쏨차이 씨는 어제 저녁 한국에 도착했어요.

2) ~까지

เขาอ่านหนังสือถึงสว่าง

그는 날이 샐 때까지 책을 읽었다.

3) ~에게

เราเสียใจที่ไม่อาจให้ความช่วยเหลืออย่างใดถึงคุณในขณะนี้

현재 우리는 아마도 귀하에게 어떠한 도움을 주지 못할 것 같아 죄송합니다.

4) ~에 관해서

ไม่มีใครทราบถึงความหลังของเขาเลย

그의 과거에 대해서 전혀 아는 사람이 없습니다.

02 ยัง   아직, 또한

ผมเรียนภาษาไทยมา ๓ ปี แล้วแต่ยังพูดได้ไม่คล่อง

나는 태국어를 3년간 배웠지만 아직 유창하게 말할 수 없다.

ถึงฤดูใบไม้ผลิแล้วแต่มีบางแห่งที่หิมะยังไม่ละลาย

봄은 왔지만 몇몇 지역은 눈이 아직 녹지 않았다.

03 ตั้งแต่   …부터(시간), …이후

ตั้งแต่วันนี้ผมจะเลิกสูบบุหรี่

오늘부터 나는 담배를 끊겠다.

ตั้งแต่วันนั้นเขาไม่โกหกอีกเลย

그날 이후 그는 더 이상 거짓말을 하지 않았다.

(ก็)เลย   (접속사) 그래서

เขาเก่งทั้งภาษาอังกฤษและภาษาฝรั่งเศสก็เลยมีคุณสมบัติที่จะเป็นนักการทูต
그는 영어와 불어 둘 다 능통해서 외교관이 될 자질이 있다.

เด็กคนนั้นขยันเรียนหนังสือมาตั้งแต่โรงเรียนประถมศึกษาก็เลยน่าจะสอบเข้า
มหาวิทยาลัยที่มีชื่อเสียงได้
그 아이는 초등학교 때부터 열심히 공부해서 유명한 대학교에 합격할 만하다.

ด้วย   …로(써), …을 가지고

ลองทำงานนั้นด้วยความอดทนและความกล้าหาญหน่อย
인내와 용기를 가지고 그 일을 해 보세요.

ในห้องเก็บของของเขาเต็มไปด้วยข้าวสารกับข้าวโพด
그의 창고는 쌀과 옥수수로 가득 차 있다.

ใจหายใจคว่ำ   가슴 조이다, 무서워서 벌벌 떨다, 전전긍긍하다, 조마조마하게 하다

ดูหนังเรื่องนั้นแล้วคุณจะใจหายใจคว่ำ
그 영화를 보면 당신은 마음이 조마조마할 것이다.

ทุกครั้งที่นั่งรถเขาขับก็ใจหายใจคว่ำ
그가 운전하는 차를 탈 때마다 마음이 조마조마하다.

연습문제

다음 문장을 태국어로 바꾸어 쓰시오.

01 집에서 사무실까지는 걸어서 약 40분 걸린다.

02 쌀은 태국의 주식일 뿐만 아니라 지금은 중요한 수출 상품의 하나로 변했다.

03 중국인들은 태국에 살기를 좋아한다.
그 이유는 태국이 중국보다 먹을 것으로 풍부하고 일자리를 구하기가 쉽기 때문이다.

04 태국의 우기는 6월부터 시작해서 10월까지이다.

05 컴퓨터의 출현으로 인해 모든 것들이 용이해진 것처럼 보인다.

06 그가 오지 않아서 나 혼자 왔습니다.

07 그가 술을 먹을 때마다 나는 그가 다른 사람과 시비를 일으킬까 가슴이 조마조마하다.

ขอบคุณสำหรับความกรุณาของคุณนะครับ	당신의 은혜에 감사 드립니다.
ขอบคุณที่ช่วยเหลือนะคะ	도와 주셔서 감사합니다.
ผมจะไม่ลืมหนี้บุญคุณนี้	나는 이 은혜를 잊지 않겠어요.
ขอให้ฉันมีโอกาสตอบแทนบุญคุณบ้างนะคะ	제가 은혜에 보답할 기회를 좀 주세요.
นี่เป็นของเล็กน้อยจากน้ำใจของผมนะครับ กรุณารับไว้ด้วย	이것은 저의 성의인 조그만 물건입니다. 받아 주세요.
ไม่รู้จะแสดงความขอบคุณอย่างไรค่ะ	어떻게 감사해야 될지 모르겠습니다.
ไม่รู้ว่าจะต้องขอบคุณอย่างไรดีครับ	뭐라 감사해야 할지 모르겠어요.
ถือโอกาสนี้เราขอขอบคุณล่วงหน้า	이 기회를 빌어 우리는 당신께 미리 감사를 드립니다.
ขอขอบคุณในความกรุณาของท่านที่ท่านสามารถจะให้แก่เราได้	귀하가 우리에게 베풀어 주신 친절에 감사를 드립니다.
ขอขอบคุณสำหรับการต้อนรับฉันมิตรอย่างยิ่ง	아주 우호적인 환대에 감사 드립니다.
ผมขอขอบคุณอย่างจริงใจในความกรุณาทุกประการที่ได้รับจากคุณ	저는 당신으로부터 받은 모든 친절에 진심으로 감사 드립니다.
ดิฉันเป็นหนี้บุญคุณในการที่ได้ให้การต้อนรับอย่างอบอุ่นระหว่างที่ดิฉันพักอยู่ที่ประเทศไทย	제가 태국에 머무르는 동안에 따뜻하게 환대해 주신 데 대하여 당신에게 빚을 졌습니다.
ขอบคุณที่ให้เกียรติเชิญนะครับ	초대해 주셔서 감사합니다.
ขอบคุณที่ชมนะคะ	칭찬해 주셔서 감사합니다.
จะไม่ลืมบุญคุณตลอดไปครับ	은혜는 평생 잊지 않겠어요.
เป็นหนี้บุญคุณแล้วนะคะ	신세 졌어요.
ขอบคุณที่กรุณานะครับ	친절히 대해 주셔서 감사합니다.
ขอบคุณที่พูดแบบนั้นให้นะคะ	그렇게 말씀해 주시니 고맙습니다.
ขอบคุณที่รับฟังนะครับ	경청해 주셔서 감사합니다.
ขอบคุณที่ปลอบใจให้นะคะ	위로해 주셔서 감사합니다.
การให้กำลังใจของคุณ ทำให้มีพลังยิ่งใหญ่นะครับ	당신의 격려가 아주 큰 힘이 되었어요.

เป็นพระคุณที่ทำให้ความกังวลหายไปโดยสิ้นเชิงค่ะ	덕분에 걱정이 싹 사라졌어요.
ได้รับบุญคุณหลาย ๆ อย่างครับ	여러 가지로 신세를 졌습니다.
ขอบคุณที่ทำให้นะคะ	수고 많으셨어요.
ที่ทำไปเพราะผมชอบครับ	제가 좋아서 한 거예요.
ชมมากไปแล้วนะคะ	과찬이세요.
ขอบคุณสำหรับของขวัญนะครับ	선물 고마워요.
เป็นน้ำใจเล็ก ๆ น้อย ๆ ค่ะ	작은 성의예요.
สิ่งนี้เคยเป็นสิ่งที่จำเป็นสำหรับผมครับ	이거 제가 필요했던 거예요.
ขอบคุณสำหรับของขวัญที่ดีนะครับ	멋진 선물 고마워요.
ขอบคุณนะคะ แต่รับไว้ไม่ได้ค่ะ	고맙지만 받을 수 없어요.
ถึงจะไม่สำคัญแต่ช่วยรับไว้หน่อยนะครับ	보잘것없지만 받아 주세요.
เป็นของขวัญที่มอบให้แก่คุณค่ะ	당신에게 드리는 선물이에요.
ดีใจจังที่คุณชอบครับ	당신이 좋아하니 기뻐요.
ยอดเยี่ยมมาก เก่งมากค่ะ	훌륭해요. 아주 잘해 주셨어요.
ขออภัยด้วยนะครับ	사과 드립니다.
ขออภัยในความผิดพลาดของดิฉันด้วยนะคะ	제 실수에 대해서 사과 드립니다.
ผิดไปแล้วครับ	잘못했습니다.
เป็นความผิดของดิฉันเองค่ะ	제 잘못입니다.
ความหมายของผมไม่ใช่อย่างนั้นครับ	제 뜻은 그런 게 아닙니다.
ไม่ได้เจตนาร้ายอย่างนั้นค่ะ	고의로 그런 게 아닙니다.
ขอโทษที่ทำให้รอนะครับ	기다리게 해서 미안합니다.
คราวหน้าจะระมัดระวังให้มากขึ้นนะคะ	다음부터 좀 더 주의할게요.
ขออภัยในหลาย ๆ เรื่องนะครับ	여러 가지로 죄송합니다.
ขออภัยที่ทำให้รำคาญนะคะ	귀찮게 해서 죄송합니다.
ขออภัยที่รบกวนนะครับ	폐를 끼쳐서 죄송합니다.
ขออภัยที่ทำให้กังวลนะคะ	걱정을 끼쳐서 죄송합니다.

ขอโทษ ถ้าหากทำให้เสียอารมณ์นะครับ	기분을 상하게 했다면 사과 드립니다.
ขอโทษค่ะ ไม่ได้หมายความว่าอย่างนั้นค่ะ	그런 뜻이 아니었는데 죄송합니다.
ไม่ได้หมายความว่าจะทำให้เสียความรู้สึกครับ	감정을 상하게 할 뜻은 아니었습니다.
ต่อไปจะระมัดระวังให้มากกว่านี้ค่ะ	앞으로는 더 주의하겠습니다.
จะไม่ให้เกิดเรื่องแบบนี้ขึ้นอีกครับ	다시는 그런 일이 없도록 하겠습니다.
ดิฉันทำพลาดไปแล้วค่ะ	제가 실수했습니다.
แต่ต่อไปกรุณาระวังให้มากกว่านี้นะครับ	앞으로는 좀 더 주의해 주세요.
ไม่เกี่ยวข้องกันค่ะ	상관없습니다.
ไม่เป็นไรครับ เนื่องจากไม่ได้เจตนา	고의가 아니니 괜찮습니다.
เรื่องแบบนั้นจะเกิดขึ้นกับใครก็ได้ค่ะ	그런 일은 누구에게나 일어날 수 있습니다.
ไม่ใช่เรื่องยากครับ	별것 아닙니다.
อย่ากังวลกับเรื่องนั้นเลยนะคะ	그건 걱정하지 마십시오.
อย่าทำแบบนั้นอีกนะครับ	다시는 그러지 마십시오.
ต่อไปกรุณาจัดการให้ดีด้วยนะคะ	앞으로는 잘 처리해 주세요.
รู้สึกวันนี้รบกวนมากนะครับ	오늘 폐 많이 끼친 것 같습니다.
ไม่เป็นไรครับ เป็นเรื่องเล็กน้อย	괜찮아요. 별일 아닌걸요.
ถ้ามีอะไรให้ฉันช่วยอีกก็บอกนะคะ ไม่ต้องเกรงใจ	제가 더 도와 줄 일이 있으면 말씀하세요. 어려워할 필요 없어요.
ขอโทษที่ทำให้คุณรอนะครับ.	당신을 기다리게 해서 미안해요.
ขอโทษที่มาสายนะคะ	늦게 와서 죄송해요.
ขอโทษที่ทำความผิดนะครับ	잘못해서 죄송해요.
ขอโทษที่ต้องรบกวนนะคะ	폐를 끼치게 되어 죄송합니다.
ขอโทษที่ทำให้ต้องเป็นห่วงนะครับ	걱정을 끼쳐 드려 죄송합니다.
ขอโทษที่เข้าใจผิดนะคะ	오해해서 죄송해요.
ขออภัยที่ทำให้เสียเวลามาก ๆ นะครับ	시간을 너무 많이 빼앗아서 죄송합니다.

04 부탁

การขอร้อง

부탁

회화 

มินแจ สุดา วันนี้ไปมหาวิทยาลัยใช่ไหม

민재 쑤다! 오늘 학교 가지?

สุดา ค่ะ มีเรียนชั่วโมงที่ ๓ ๔

쑤다 응, 3, 4교시 수업이 있어.

มินแจ พอดีวันนี้ผมติดธุระด่วน ก็เลยไปมหาวิทยาลัยไม่ได้
ผมมีเรื่องขอร้องคุณนะ ช่วยหน่อยได้ไหม

민재 오늘 마침 긴급한 일이 있어서 학교에 갈 수가 없네. 부탁할 일이 있어.
좀 도와 줄 수 있니?

สุดา ได้สิ ด้วยความยินดี มีอะไรก็บอกมา

쑤다 당연하지. 기꺼이. 무엇이든 말해 봐.

มินแจ ช่วยยืมหนังสือจากห้องสมุดให้สักเล่มหนึ่ง

민재 도서관에서 책 한 권만 빌려다 줘.

สุดา หนังสืออะไร

쑤다 무슨 책인데?

มินแจ ชื่อหนังสือ
"ประวัติศาสตร์การเปลี่ยนแปลงทางการเมืองของประเทศไทย" ครับ

민재 책 이름이 '태국 정치변동사'야.

สุดา **แค่นั้นหรือ มีอะไรอีกไหม**

쑤다 그것뿐이니? 다른 것 더 있어?

มินแจ **แล้วก็ขอเข้าเว็บไซต์ของหนังสือพิมพ์ "มติชน" ฉบับลงวันที่ ๑๒ สิงหาคม
คลิกดูข่าวเกี่ยวกับการเมืองแล้วพรินต์ออกมาหน่อย**

민재 그리고 8월 12일자 '마띠촌' 신문 웹사이트에 들어가 정치에 관한 소식을 검색하고 프린트 좀
해 줘.

สุดา **ได้ค่ะ ฉันจะจัดการให้ ไม่ต้องห่วง มีอะไรอีกไหมคะ**

쑤다 그래. 내가 처리해 줄 게. 걱정하지 마. 다른 것 있어?

มินแจ **มีขอรบกวนอีกเรื่องหนึ่ง
คือว่าผมเป็นสมาชิกชมรมวัฒนธรรมหลากหลายนะ วันนี้มีประชุมชมรม
ขอเข้าร่วมประชุมชมรมแทนผมได้ไหม**

민재 또 한 가지 폐 끼칠 일이 있는데. 내가 다문화 동아리 회원이거든.
오늘 동아리 회의가 있는데 나 대신 참석해 줄 수 있니?

สุดา **ก็ได้ แต่ว่าฉันไม่มีคนรู้จัก
และอีกอย่างไม่มีความรู้เกี่ยวกับชมรมนั้นด้วยเลย**

쑤다 괜찮지만, 난 아는 사람이 없고,
더군다나 그 동아리에 대한 지식이 전혀 없어.

มินแจ **คงไม่มีปัญหานะ เพราะว่าชมรมนั้นเป็นชมรมที่นักศึกษาชาวต่างชาติที่
มาจากหลาย ๆ ประเทศมาพบปะสนทนากันและแลกเปลี่ยนความคิด
เห็นด้วย สมาชิกทุกคนจะได้ต้อนรับสุดาอย่างอบอุ่น**

민재 아마 문제 없을 거야.
왜냐하면 그 동아리는 여러 나라에서 온 외국 대학생들이 와서 함께 담소를 나누고 의견을 교환
하는 동아리야. 회원 모두가 쑤다를 따뜻하게 환영할 거야.

สุดา	งั้นหรือ ถ้าอย่างนั้นฉันยินดีจะเข้าร่วมด้วยนะคะ
	คิดว่าจะเป็นโอกาสดีที่ได้รู้จักกับเพื่อน ๆ ชาวต่างชาติด้วยสำหรับฉัน
쑤다	그러니? 그렇다면 기꺼이 참석할게. 나에게는 외국인 친구를 알 수 있는 좋은 기회라고 생각해.

มินแจ	**ขอบคุณจริง ๆ นะครับ**
민재	정말 고마워.

ขอร้อง 요구하다, 부탁하다 ▌ พอดี 꼭 맞다, 딱 맞다, 마침 ▌ ติดธุระ 일이 있다, 바쁘다(= ติดงาน)
ด้วยความยินดี 기꺼이 ▌ ยืม 빌리다 ▌ ประวัติศาสตร์ 역사 ▌ การเปลี่ยนแปลง 변화, 변동 ▌ การเมือง 정치
เว็บไซต์ 웹사이트 ▌ ฉบับ (유별사) 책, 원고, 신문, 편지 등을 셀 때 사용 ▌ ข่าว 소식, 뉴스, 정보
พรินต์ 프린트하다 ▌ จัดการ 처리하다, 조치하다, 관장하다, 처치하다 ▌ รบกวน 걱정을 끼치다, 폐를 끼치다
สมาชิก 회원, 멤버 ▌ ชมรม 집단, 집회, 모임단체, 공동체, 동아리 ▌ วัฒนธรรม 문화
หลากหลาย 가지각색이다, 다양하다 ▌ ประชุม 회의하다, 회의, 집회 ▌ ร่วม 참여하다, 가입하다, 협동하다, 연합하다
ก็ได้ 가능하다, 할 수 있다 ▌ ความรู้ 지식 ▌ พบปะสนทนา 만나서 대화를 나누다 ▌ แลกเปลี่ยน 교환하다
ความคิดเห็น 의견, 견해 ▌ อบอุ่น 따스하다, 외롭지 않다 ▌ โอกาส 기회 ▌ ปัญหา 문제

01 แค่   …뿐, …정도

ผมมีเงินแค่นี้เท่านั้น
> 내가 가지고 있는 돈은 단지 이것뿐이다.

ดิฉันเขียนหนังสือทั้งวันแต่เขียนได้แค่นี้
> 나는 하루 종일 글을 썼는데 이 정도만 쓸 수 있었을 뿐이다.

02 เกี่ยวกับ   …에 관해서

ดิฉันไม่ค่อยมีความรู้เกี่ยวกับเรื่องการเมืองประเทศไทย
> 나는 태국 정치에 관해 그다지 지식이 없어요.

เกี่ยวกับชีวิตความเป็นอยู่คุณพ่อกับผมมีความเห็นต่างกัน
> 생활에 관한 아버지와 나의 견해는 다르다.

03 แทน(ที่)   …대신에

เขาทำงานแทนผมระหว่างที่ผมเข้าโรงพยาบาลอยู่
> 내가 병원에 입원해 있는 동안에 그가 나대신 일을 했다.

คุณแม่มักจะชอบทานก๋วยเตี๋ยวแทนที่จะทานข้าวในตอนเช้า
> 어머니는 대개 아침에 밥을 드시는 대신에 국수 드시기를 좋아한다.

04 เพราะว่า, เนื่องจาก   왜냐하면, …때문에

วันนี้คุณสมชายขาดเรียนเพราะว่าเป็นหวัด
> 오늘 쏨차이 씨는 감기에 걸려 결석했다.

น้ำในแม่น้ำล้นออกมาเนื่องจากฝนตกมาก
> 비가 많이 와서 강물이 범람했다.

05 ถ้าอย่างนั้น, ถ้าเช่นนั้น 만약 그렇다면

ถ้าอย่างนั้นเราจะทำอย่างไรดี
만약 그렇다면 우리는 어떻게 해야 좋을까?

ถ้าเช่นนั้นดิฉันก็เห็นด้วยกับความคิดเห็นของคุณ
만약 그렇다면 나는 당신의 의견에 동의합니다.

06 สำหรับ ···용, ···의 경우, ···에 대해서

หนังสือเล่มนี้ยากเกินไปสำหรับนักเรียนประถม
이 책은 초등학생용으로는 너무 어렵다.

คนสิงค์โปร์ชอบเลี้ยงปลาไว้สำหรับดูเล่น
싱가포르 사람들은 물고기를 관상용으로 기르기를 좋아한다.

다음 문장을 태국어로 바꾸어 쓰시오.

01 그 정도면 만족합니까?

____

02 이 정도 말한 것만으로 화를 내다니!

____

03 이 책은 태국의 공업과 상업 정책에 관한 책이다.

____

04 내 마음 속에 그 사람을 대신할 사람이 아무도 없다.

____

05 대중에게 있어서 이 문제는 굉장한 중요성을 가지고 있다.

____

06 그렇다면 오는 월요일에 의사를 방문하도록 해라.

____

활용 표현

มีอะไรให้ช่วยไหมครับ	무엇을 도와 드릴까요?
ช่วยทำอันนี้หน่อยค่ะ	이것 좀 해 주세요.
รบกวนด้วยนะครับ, ขอความช่วยเหลือหน่อยครับ	폐 좀 끼칠게요. 좀 도와 주세요.
ขอถามหน่อยนะคะ	좀 여쭤 볼게요.
กรุณาช่วยผมหน่อยครับ	저를 좀 도와 주세요.
มีเรื่องจะถามหน่อยค่ะ	물어볼 것이 있어요.
พอมีเวลาสักครู่ไหมครับ	잠깐 시간 좀 내 주실 수 있어요?
รบกวนอีกครั้งนะคะ	한 번 더 부탁할게요.
มีเรื่องรบกวนส่วนตัวครับ	개인적인 부탁이 있어요.
ยินดีให้ความช่วยเหลือค่ะ	기꺼이 도와 드리죠.
ถ้าทำได้ก็จะลองทำดูครับ	할 수 있는 한 해 볼게요.
หากต้องการความช่วยเหลือ กรุณาติดต่อมาไม่ว่าเมื่อไหร่ก็ตามนะคะ	도움이 필요하면 언제든 연락하세요.
หากต้องการความช่วยเหลือ กรุณาบอกได้นะครับ	도움이 필요하면 말하세요.
ลองฟังคำที่ดิฉันพูดหน่อยนะ	제 말 좀 들어 보세요.
ทุกคนเงียบ ๆ หน่อยครับ	여러분, 조용히 해 주세요.
เงียบ ๆ กันหน่อยค่ะ	조용히 합시다.
ไม่ได้ยินเลยครับ ช่วยพูดเสียงดังหน่อยครับ	안 들려요. 크게 말씀해 주세요.
ไม่มีเวลาแล้วค่ะ ต้องรีบไปแล้ว	시간이 없어요. 서둘러 가야 해요.
เร็ว ๆ หน่อยครับ	서두르세요.
ช่วยพูดเร็ว ๆ หน่อยค่ะ	빨리 말씀하세요.
ได้โปรด ลองพูดอะไรสักหน่อยเถอะ	제발 뭐라고 말 좀 해 봐요.
อย่ากดดันมากเกินไปค่ะ	너무 재촉하지 마세요.
อดทนหน่อยครับ	좀 참으세요.

มีเวลาไม่มากแล้วค่ะ	시간이 많지 않아요.
สายแล้วครับ	늦었어요!
ดูเหมือนว่าพวกเราจะสายแล้วนะคะ	우리 늦을 것 같아요.
ไม่มีความจำเป็นต้องรีบอะไรครับ	서두를 필요 없어요.
ช่วยเดินช้า ๆ หน่อยค่ะ	조금 천천히 걸어 주세요.
อย่าวิ่งครับ	뛰지 마세요.
พักสักครู่แล้วไปกันต่อค่ะ	잠시 쉬었다가 갑시다.
ตามมาครับ	따라오세요.
มาทางนี้ค่ะ	이리 와요.
เชิญนั่งครับ	앉으세요.
จะมาถึงแล้วค่ะ	곧 오실 겁니다.
เชิญเข้าไปข้างในครับ	안으로 들어오세요.
มาทางนี้ค่ะ	이리 오십시오.
ออกมาข้างหน้านี้ครับ	앞으로 나와요.
รีบไปทางโน้นเลยค่ะ	서둘러 저리로 가요.
สักครู่นะครับ	잠시만요.
ระวังบันไดหน่อยนะคะ	계단 조심해요.
ขอทางหน่อยครับ	비켜 주세요.
ไปเอามาเองเลยค่ะ	직접 가서 가져오세요.
จอดรถครับ	차 세워요.
ระวังหน่อยนะคะ	조심하세요.
ถามคำถามส่วนตัวได้มั้ยครับ	사적인 질문 하나 해도 돼요?
มีเรื่องอยากถามหน่อยค่ะ	좀 물어보고 싶은 것이 있어요.
มีคำถามเหรอครับ	질문 있어요?
ถ้ามีคำถามให้ยกมือขึ้นนะคะ	질문 있으면 손을 드세요.
ช่วยตอบคำถามด้วยนะครับ	답변을 해 주세요.
จะบอกว่าไงดีนะคะ	뭐라고 이야기할까요?
บอกให้เขารอสักครู่นะครับ	그에게 잠시 기다려 달라고 하세요.

อย่าถามอีกนะคะ	더는 묻지 마세요.
ไม่เข้าใจครับ ช่วยพูดให้เข้าใจง่าย ๆ ทีครับ	이해가 안 돼요. 좀 더 쉽게 말씀해 주세요.
ช่วยตอบคำถามลงรายละเอียดด้วยนะคะ	구체적으로 답변해 주세요.
ช่วยอธิบายเป็นคำอื่นนะครับ	다른 말로 설명해 주세요.
พูดว่าอะไรนะคะ	뭐라고 하셨죠?
ช่วยพูดอีกทีครับ	다시 말씀해 주세요.
คำนี้พูดเป็นภาษาไทยว่าอะไรคะ	이건 태국말로 뭐라고 말해요?
นี่เรียกภาษาไทยว่าอะไรครับ	이건 태국어로 뭐라고 불러요?
อันนี้หมายความว่าอะไรคะ	이건 무슨 뜻이에요?
อันนี้คืออะไรครับ	이건 뭐예요?
นี่ใช้ยังไงคะ	이것은 어떻게 사용해요?
นั่นอยู่ที่ไหนครับ	그게 어디에 있지요?
สถานที่นั้นอยู่ที่ไหนคะ	그곳은 어디에 있어요?
ห้องน้ำอยู่ที่ไหนครับ	화장실은 어디예요?
ประตูเปิด(ปิด)ตอนกี่โมงคะ	몇 시에 문을 열어요(닫아요)?
จะลองถามใครดีครับ	누구에게 물어 볼까요?
เบอร์โทรศัพท์เบอร์อะไรคะ	전화번호가 어떻게 되세요?

05

회화

สุดา **มินแจ ทานข้าวแล้วหรือยัง**

민재! 식사했니?

มินแจ **เรียบร้อยแล้ว**

응, 먹었어.

สุดา **มีเรื่องที่จะปรึกษาหน่อย**

의논할 일이 있는데.

มินแจ **พูดเลย**

어서 말해 봐.

สุดา **ตอนปิดเทอมเพื่อนเกาหลีชวนฉันไปเป็นอาสาสมัครที่ชนบท**
คุณคิดว่าอย่างไร

방학 때 한국인 친구가 농촌으로 봉사활동 가자고 하는데 어떻게 생각해?

มินแจ **คิดว่าจะได้มีโอกาสดีที่สามารถจะเรียนวัฒนธรรมชนบทได้**
แม้ลำบากก็ตาม คงจะรู้สึกภูมิใจนะ ผมคิดว่าเพื่อที่จะเข้าใจประเทศใด
ประเทศหนึ่งไม่เพียงแต่เรียนภาษาเท่านั้นหากยังเรียนวัฒนธรรม
ของประเทศนั้นอีกด้วย แล้วจะใกล้ชิดกับชาวเกาหลีได้เร็วขึ้น

농촌 문화를 배울 수 있는 좋은 기회라고 생각해. 힘들겠지만 아마도 보람을 느낄 거야.
어느 한 나라를 이해하기 위해서는 언어뿐만 아니라 그 나라의 문화도 함께 배워야 한다고 생각해.
그러면 한국 사람들과도 더 빨리 가까워질 수 있어.

สุดา   ฉันก็คิดอย่างนั้น

쑤다   나도 그렇게 생각해.

มินแจ   อย่างไรก็ตามในระหว่างที่เรียนอยู่ที่เกาหลีก็พยายาม
หาประสบการณ์ให้มากเท่าที่จะทำได้นะ

민재   어쨌든 한국에서 공부하는 동안 가능한 한 많은 경험을 쌓도록 노력해.

สุดา   เป็นคำชี้แนะที่ยอดเยี่ยมค่ะ
หลังจากฉันมาอยู่ที่เกาหลีส่วนใหญ่ชอบคบกับเพื่อนคนไทยมาก
กว่าคนเกาหลี

쑤다   훌륭한 지적이야. 한국에 온 이후로 난 한국인 친구보다는 주로 태국인 친구와 사귀기를 좋아
했거든.

มินแจ   ผมไม่ได้คิดแบบนั้น พยายามคบกับเพื่อนคนเกาหลีหลาย
คนจึงจะได้เข้าใจภาษาและวัฒนธรรมเกาหลือย่างถูกต้อง

민재   난 그렇게 생각하지 않아. 한국인 친구를 많이 사귀어야 한국어와 한국 문화를 올바르게 이해할
수 있거든.

สุดา   เข้าใจแล้วนะ ต่อไปจะพยายาม

쑤다   알았어. 앞으로 노력할게.

มินแจ   แล้วสำหรับคนไทยที่เรียนภาษาเกาหลีส่วนใหญ่ประกอบอาชีพอะไรบ้าง

민재   그런데 태국인들이 한국어를 배우면 주로 어디에서 일하니?

สุดา   ส่วนใหญ่เข้าทำงานที่บริษัทเกาหลีหรือประกอบอาชีพเป็นไกด์นำเที่ยว
มีนักท่องเที่ยวชาวเกาหลีที่มาประเทศไทยปีละประมาณ ๑ ล้านคน
ก็เลยมีโอกาสที่จะหางานทำได้มากค่ะ

쑤다   대부분 한국 기업이나 관광 가이드에 종사하지. 태국을 방문하는 한국 관광객이 1년에 약 1백만
명 정도야. 그래서 취업의 기회가 많아.

มินแจ   **ถ้างั้น หลังจากคุณเรียนจบแล้ว กลับไปเมืองไทยก็คงจะได้มีบทบาท
สำคัญในการเชื่อมความสัมพันธ์ของประเทศไทยกับประเทศเกาหลี**

민재   너도 공부를 마친 후 태국에 돌아가면 한국과 태국의 관계를 연결하는 중요한 역할을 할 수 있겠
구나.

สุดา   **หวังว่าอย่างนั้นนะ**

쑤다   그렇게 되기를 바라.

단어 학습

คัดค้าน 반대하다, 이의를 제기하다 ▌ **ปิดเทอม** 방학하다(= **ปิดภาค**) ▌ **ปรึกษา** 상담하다, 협상하다, 조언을 구하다
ชนบท 시골, 농촌 ▌ **อาสาสมัคร** 지원하다, 자원봉사자 ▌ **วัฒนธรรม** 문화 ▌ **ลำบาก** 어렵다, 곤란하다
ภูมิใจ 자부심이 있다, 당당하다 ▌ **~ใด~หนึ่ง** 어느 한~ ▌ **ใกล้ชิด** 친근하다, 친밀하다, 밀접하다
อย่างนั้น 그처럼, 그와 같이, 그렇게 ▌ **พยายาม** 노력하다, 시도하다 ▌ **ประสบการณ์** 경험
ชี้แนะ 지시하다, 지도하다, 지적하다, 안내하다 ▌ **ยอดเยี่ยม** 탁월하다, 최우수의, 걸출하다 ▌ **ส่วนใหญ่** 대부분
คบ 교제하다, 사귀다 ▌ **แบบ** 형태, 모델, 스타일 ▌ **ถูกต้อง** 옳다, 올바르다, 맞다 ▌ **ต่อไป** 다음의, 계속, 금후, 이후
ประกอบอาชีพ …에 종사하다, 직업을 갖다 ▌ **เข้าทำงาน** 입사하다 ▌ **ไกด์นำเที่ยว** 관광 안내자
นักท่องเที่ยว 관광객 ▌ **หางานทำ** 일자리를 찾다 ▌ **บทบาท** 역할, 작용 ▌ **เชื่อม** 연결하다, 용접하다, 관련되다
ความสัมพันธ์ 관계 ▌ **หวัง** 희망하다, 바라다

01　**หรือยัง**　…했습니까? 아직이에요?

คุณทำการบ้านเสร็จแล้วหรือยัง
　　당신 숙제를 끝냈습니까? 아직이에요?

พร้อมที่จะไปเที่ยวหรือยัง
　　놀러 갈 준비되었어요? 아직이에요?

02　**เรียบร้อยแล้ว**　…가 잘되다, 이미 …했다, 예절 바르다

คุณสมเกียรติเป็นคนเรียบร้อย
　　쏨끼얏 씨는 예절 바른 사람입니다.

งานที่หัวหน้าสั่งไว้นั้นทำเรียบร้อยแล้ว
　　상사가 지시한 일은 이미 잘 했습니다.

03　**ตอน(ที่)**　…때, …기간에

ตอนดิฉันเป็นนักศึกษาดิฉันเคยไปเที่ยวประเทศไทยกับคุณพ่อ
　　내가 대학생이었을 때 아버지와 태국에 놀러 간 적이 있었다.

ตอนที่ผมออกไปข้างนอกเขามาหาผม
　　내가 외출하고 있을 때 그가 나를 찾아 왔다.

04　**แม้, แม้จะ, ถึงแม้ว่า**　비록 …하지만

ถึงแม้ว่าเดี๋ยวนี้ยากจนแต่ถ้าขยันในการทำงานแล้วก็สามารถรวยได้
　　비록 현재는 가난하지만 열심히 일하면 부자가 될 수 있다.

แม้เด็กคนนั้นอายุยังน้อยแต่ไม่มีความกลัว
　　비록 그 아이는 나이가 아직 어리지만 두려움이 없다.

05   ก็ตาม, ก็ดี, ก็ได้   …든지, …이나

มนุษย์ก็ดีสัตว์ก็ดีต้องการอาหารทั้งนั้น
인간이든 동물이든 모두 음식을 필요로 한다.

ทานก๋วยเตี๋ยวหรือทานข้าวก็ตามทานให้เต็มที่
국수를 먹든 밥을 먹든 많이 드세요.

06   เพื่อ(ที่)   …하기 위해, …을 위해

เขาปีนภูเขาทุกวันเพื่อที่จะรักษาสุขภาพ
그는 건강을 유지하기 위해 매일 산에 오른다.

เราจะต้องทำอะไรเพื่อให้มีสันติภาพอันถาวรของโลก
우리가 세계의 영원한 평화를 위해 무엇을 해야 할 것인가?

07   ไม่เพียงแต่(ไม่เฉพาะ)…เท่านั้น หาก(แต่)ยัง…อีกด้วย
단지 …뿐 아니라, 또한 …이기도 하다

เขาไม่เพียงแต่เป็นนักเขียนเท่านั้นหากยังเป็นนักการเมืองที่น่านับถืออีกด้วย
그는 작가일 뿐만 아니라 존경할 만한 정치가이기도 하다

กรุงเทพไม่เพียงแต่เป็นเมืองท่าเท่านั้นแต่ยังเป็นเมืองท่องเที่ยวอีกด้วย
방콕은 항구 도시이기도 하지만 또한 관광 도시이기도 하다.

08   อย่างไรก็ตาม, อย่างไรก็ดี   어쨌든

อย่างไรก็ตามคุณต้องมาถึงที่นี่ถึง ๑๐ โมงเช้า
어쨌든 당신은 아침 10시까지 이곳에 와야 한다.

อย่างไรก็ดีเราต้องชนะทีมนั้นให้ได้
어쨌든 우리는 그 팀에 반드시 승리해야 한다.

09 **(ใน)ระหว่าง** ···하는 동안에

ในระหว่างที่ผมอยู่ที่ประเทศไทยผมเคยไปเที่ยวสถานที่ที่มีชื่อเสียงหลายแห่ง
내가 태국에 있는 동안에 여러 곳의 유명한 관광지를 가 본 적이 있다.

อุณหภูมิในประเทศเกาหลีหนาวที่สุดระหว่างเดือนธันวาคมกับกุมภาพันธ์
한국의 기온은 12월에서 2월 사이에 가장 춥다.

10 **เท่า, เท่าที่(จะ)** ···만큼, ···중에서

ไม่มีอะไรสำคัญเท่าเวลา
시간만큼 중요한 것은 없다.

ต้องเก็บเงินมาก ๆ เท่าที่จะทำได้
할 수 있는 만큼(가능한 한) 돈을 많이 모아야 한다.

ผมจะตอบแทนบุญคุณเขาเท่าที่เขาทำดีต่อผม
그가 나에게 잘해 준 만큼 내가 그의 은혜에 보답할 것이다.

เธอเป็นคนสวยที่สุดเท่าที่ผมเห็นมา
그녀는 내가 보아온 여성 중에서 가장 아름답다.

11 **หลัง, หลังจาก** ···(이)후에

มีสุภาษิตเกาหลีว่า "หลังฝนตกพื้นดินจะแน่น"
한국 속담에 '비가 온 이후 땅이 굳어진다'는 말이 있다.

หลังจากเรียนจบแล้วคุณอยากจะทำอะไรบ้าง
졸업 후에 당신을 무엇을 할 예정입니까?

다음 문장을 태국어로 바꾸어 쓰시오.

01 아버지가 태국에서 돌아오셨어요? 아직이에요?

____

02 모든 일이 잘 끝났습니다.

____

03 그는 예의범절이 바른 사람입니다.

____

04 매년 겨울에 나는 부모님을 방문하러 간다.

____

05 비록 고대유적지가 파괴되었을지라도 모든 사람들은 존경해야만 한다.

____

06 공무원이든 국민이든 서로 협력해서 국가 발전을 이룩해야 한다.

____

07 우리는 감기에 걸리지 않도록 하기 위해 항상 건강을 돌봐야 한다.

____

08 컴퓨터는 시간을 절약하는 것을 도와 줄 뿐만 아니라 인간의 힘을 절약하는 것을 도와 주기도 한다.

____

09 어쨌든 현재도 태국에서 강과 운하의 중요성은 여전히 줄어들지 않았다.

____

10 공부하는 동안에는 전화 사용을 금지하세요.

____

11 내가 가진 만큼 모두 너에게 주겠다.

____

12 통치체제가 바뀐 이후 태국 정부는 태국에 입국하는 중국인들의 수를 제한했다.

____

รู้ไหมว่าหมายความว่าอะไรครับ	무슨 뜻인지 알겠어요?
รู้ไหมว่าดิฉันพูดว่าอะไรคะ	내 말이 무슨 뜻인지 알겠어요?
อ๋อ ตอนนี้รู้แล้วครับ	아, 이제 이해했어요.
ครับ เข้าใจดีแล้วค่ะ	네, 잘 알겠어요.
เชิญทำตามใจคุณเลยครับ	당신 마음대로 하세요.
เข้าใจยากจังเลยค่ะ	이해하기 어려워요.
ไม่เข้าใจครับ	이해가 안 돼요.
เข้าใจยังไม่ดีค่ะ	이해가 잘 안 돼요.
ไม่ทราบจริง ๆ ครับ	잘 모르겠어요.
จับความรู้สึกไม่ได้เลยค่ะ	도무지 감이 안 잡혀요.
ไม่รู้เลยสักนิดครับ	전혀 모르겠어요.
คุณคิดอย่างไรบ้างคะ	당신 생각은 어때요?
ถูกครับ แน่นอนครับ	맞아요. 당연하죠.
เห็นด้วยไหมคะ	동의합니까?
คุณคิดเหมือนผมไหมครับ	당신 생각도 저와 같습니까?
มีที่ไม่เห็นด้วยไหมคะ	이의 있으십니까?
ความคิดเห็นของผมเป็นอย่างไรบ้างครับ	제 의견이 어떻습니까?
ดิฉันก็คิดเหมือนกันค่ะ	제 생각도 같습니다.
เห็นด้วยครับ	찬성합니다.
รู้สึกเหมือนกันค่ะ	동감입니다.
เห็นด้วยอย่างยิ่งครับ	전적으로 동의합니다.
อันนั้นดีกว่านะคะ	그게 더 좋겠어요.
ผมก็เห็นด้วยกับความคิดนั้นครับ	저도 그 의견에 찬성합니다.
คือสิ่งนั้นที่ดิฉันตั้งใจที่จะพูดค่ะ	제가 말하려던 게 그겁니다.
เราสองคนคุยกันรู้เรื่องครับ	당신과는 말이 통하네요.

มีความเห็นคัดค้านไหมคะ	반대 의견 있어요?
ผมคัดค้านครับ	저는 반대입니다.
ไม่เห็นด้วยค่ะ	동의하지 않습니다.
คัดค้านสิ่งนั้นค่ะ	그건 반대입니다.
ผมคัดค้านอย่างยิ่งครับ	저는 결사반대입니다.
น่าเสียใจ แต่คัดค้านค่ะ	유감스럽지만 반대입니다.
ไม่ใช่แค่นั้นครับ	그렇지만도 않습니다.
เหมือนคุณจะผิดนะคะ	당신이 틀린 것 같습니다.
สิ่งนั้นเป็นความคิดของคุณครับ	그건 당신 생각입니다.
เป็นไปไม่ได้ค่ะ	당치도 않습니다.
สิ่งนั้นมันเป็นไปไม่ได้ครับ	그건 불가능합니다.
ขอดิฉันพูดสักหน่อยได้ไหมคะ	제가 몇 말씀 드려도 될까요?
ครับ เชิญพูด	네, 말씀해 보세요.
แสดงแบบนี้เป็นอย่างไรบ้างคะ	이런 식으로 표현하는 것은 어떨까요?
ถ้าจะขอพูดสักหน่อยได้ไหมครับ	한 말씀 드려도 될까요?
ถ้าจะให้แสดงความคิดเห็นของดิฉัน	제 소견을 말씀 드리자면…
ดูเหมือนจะไม่มีเรื่องอะไรที่จะพูดอีกนะครับ	더는 할 얘기가 없는 것 같습니다.
งั้นเหรอคะ ถ้างั้นเปลี่ยนเรื่องกันเถอะ	그래요? 그럼 화제를 바꿉시다.
จะข้ามไปหัวข้ออื่นนะครับ	다음 주제로 넘어가겠습니다.
เรา พูดเรื่องอื่นกันเถอะ	우리, 다른 이야기를 합시다.
ขออภัยกำลังพูดอยู่ครับ	말씀 중 죄송합니다만…
ตอนนี้กรุณาพูดให้อยู่ในประเด็นสำคัญนะคะ	이제 본론을 말씀하세요.
เมื่อกี้พูดถึงไหนแล้วครับ	어디까지 말했었죠?
มันมีอยู่ว่า...	있잖아요…
ถ้าจะให้พูดไปแล้ว	말하자면…
ดังที่ได้ทราบอยู่แล้ว	아시다시피…
ความจริงนั้น	사실은…
ไม่ใช่แค่นั้น	그뿐만 아니라…

นั่นแหละ	글쎄요.
นั่นแหละ ให้พูดยังไงดีนะ	글쎄 뭐랄까요.
ถ้าจะให้พูดมันก็ค่อนข้างยาวครับ	말하자면 길어요.
ถ้างั้น แล้วอยากจะพูดอะไรล่ะคะ	그래서 하고 싶은 말이 뭔가요?
พูดอีกทีก็คือ	다시 말씀 드려서…
ดิฉันมีสิ่งที่ตั้งใจจะพูดกับคุณ คือ	제가 당신에게 말하려던 건…
ประเด็นสำคัญ	요점은…
พูดสั้น ๆ	잘라 말하자면…
พูดอย่างง่าย ๆ	간단히 말해서…
โดยสรุปแล้ว	한마디로…
ถ้าจะให้พูดประเด็นสำคัญ	요점을 말씀 드리면…
ถ้าจะขอพูดต่อได้ไหมครับ	얘기를 계속해도 될까요?
ค่ะ เชิญพูดต่อ	네, 계속하세요.
กรุณาพูดเร็ว ๆ หน่อย	빨리 말씀해 보세요.
ตกลงแล้วกลายเป็นยังไงคะ	그래서 어떻게 됐나요?
อย่าได้ลังเล เชิญพูดครับ	주저하지 말고 말씀하세요.

회화 

มินแจ สุดา สีหน้าไม่ดี มีเรื่องอะไรไหม

민재 쑤다야! 안색이 좋지 않은데 무슨 일 있니?

สุดา มีค่ะ เมื่อคืนได้ข่าวจากคุณแม่ว่าน้องถูกรถชน

쑤다 응. 어제 밤 태국에 계시는 어머니로부터 소식을 받았는데 동생이 교통사고를 당했대.

มินแจ อุ๊ย ตายแล้ว ได้รับบาดเจ็บสาหัสหรือเปล่า

민재 아이쿠! 큰일이구나! 심하게 다쳤니?

สุดา ก็ถูกรถบรรทุกชนตอนกำลังขี่มอเตอร์ไซค์ก็เลยได้รับบาดเจ็บตรงขานิด
หนึ่ง

쑤다 오토바이를 타고 가다가 트럭에 치어서 다리를 조금 다친 것 같아.

มินแจ ไม่รู้จะปลอบใจให้ยังไงนะ ไม่ต้องเป็นห่วงนะ เดี๋ยวก็จะดีขึ้น

민재 어떻게 위로해야 될지 모르겠구나. 곧 나아질 거니까 걱정하지 말아.

สุดา ไม่สามารถจะไปเยี่ยมได้เนื่องจากเปิดเทอมอยู่ เสียใจเหลือเกิน

쑤다 학기 중이라 가 볼 수도 없고… 너무 속상해.

มินแจ มันไม่น่าเลยจริง ๆ นะ

민재 그것 참 안됐구나.

สุดา	ในเมืองโซลคนที่ขี่รถมอเตอร์ไซค์หายาก
	แต่คนไทยนิยมขี่มอเตอร์ไซค์ตั้งแต่เด็ก ๆ แต่เกิดอุบัติเหตุบ่อยครั้ง
	มินแจ อย่าขี่มอร์เตอร์ไซค์นะ รู้สึกอันตรายมาก
쑤다	서울에는 오토바이를 타는 사람들을 보기가 어려워.
	그러나 태국인들은 어릴 때부터 오토바이 타는 것을 선호해. 그러나 사고도 많이 발생하지.
	민재는 오토바이 타지 마. 위험한 것 같아.

มินแจ	ขอบคุณที่เป็นห่วง ผมมักจะใช้รถประจำทางไม่ว่าจะเป็นรถเมล์หรือรถไฟ
	ใต้ดินก็ตาม อย่างไรก็ตามหวังว่าขอให้น้องหายเร็ว ๆ นะ
민재	걱정해 주어서 고마워. 난 버스든 지하철이든 대개 대중교통을 이용해.
	어쨌든 동생이 빨리 나았으면 좋겠다.

| สุดา | ถ้ามีข่าวอะไรอีกก็จะบอกให้ทราบด้วยนะ |
| 쑤다 | 또 소식 있으면 알려 줄게. |

| มินแจ | ช่วยฝากความห่วงใยของผมให้แก่ครอบครัวทุกท่านด้วยนะ |
| 민재 | 가족 모든 사람에게 걱정하지 말라고 전해 줘. |

단어 학습

ห่วงใย 걱정하다, 근심하다 ▎ สีหน้า 안색 ▎ ชน 부딪치다, 충돌하다, 사람
ตายแล้ว (감탄사) 야단났군! 망쳤어! 틀렸어! 아뿔싸! ▎ ได้รับ 받다 ▎ บาดเจ็บ 상처를 입다, 부상하다
สาหัส (상처가) 심하다 ▎ รถบรรทุก 트럭 ▎ ขี่ (말, 코끼리) 몰거나 타다, (오토바이, 자전거 등을) 타다, 운전하다
มอเตอร์ไซค์ 오토바이 ▎ ขา 다리 ▎ นิดหน่อย 사소하다, 적다, 아주 작다 ▎ ปลอบใจ 위로하다, 달래다
เดี๋ยว 잠시, 잠깐만, 곧, 머지 않아 ▎ ดีขึ้น 좋아지다, 향상되다, 개선되다 ▎ เปิดเทอม 개학하다
นิยม 선호하다, 좋아하다, 애호하다, (접미사) …주의 ▎ เกิด 발생하다, 출생하다
อุบัติเหตุ 우발사고, 의외로 발생한 일 ▎ บ่อยครั้ง 자주 ▎ อันตราย 위험하다
รถประจำทาง 노선버스, 공공버스 ▎ หาย 없어지다, 사라지다, (병이) 낫다 ▎ ฝาก 맡기다, 의존하다, 주다, 선사하다

---

01   ถูก   수동 조동사

ขโมยถูกตำรวจจับ
도둑이 경찰에게 잡혔다.

อาชีพในอนาคตของเราอาจจะถูกชี้ขาดโดยความรู้ด้านคอมพิวเตอร์
미래에 우리 직업은 아마도 컴퓨터 방면의 지식에 의해 결정될 것이다.

---

02   อยู่   …고 있다 (진행)

เรื่องนี้ผมรู้อยู่ก่อนแล้ว
난 이 일을 이미 알고 있었다.

ตอนนี้น้องดิฉันเรียนอยู่ที่ประเทศไทย
현재 내 동생은 태국에서 공부 중이다.

---

03   เหลือเกิน   너무(지나치게) …하다

สงสารคนดื่มเหล้าเหลือเกินเพราะไม่ดีต่อสุขภาพ
술을 너무 많이 마시는 사람은 불쌍하다. 왜냐하면 건강에 좋지 않기 때문이다.

บ้านนี้สวยเหลือเกิน
이 집은 너무 예뻐요.

---

04   ไม่น่าเลย   이럴(그럴) 수가 있나!

ไม่น่าเลย เขาเป็นคนดีแท้ ๆ
이럴(그럴) 수가 있나! 그 사람은 참으로 훌륭한 사람인데.

ไม่น่าเลย เขาแต่งงานแล้วโดยไม่ได้บอกมาก่อน
이럴(그럴) 수가 있나! 그가 미리 말하지 않고 결혼을 하다니.

05   หายาก, มีน้อย   적다, 찾기 어렵다

คนที่มีชีวิตอยู่ได้ถึง 100 ปี หายาก
> 100살까지 사는 사람은 찾기 어렵다.

ทั้งในสมัยก่อนและสมัยนี้คนที่ไม่ชอบเงินหายาก
> 과거나 현재나 돈을 싫어하는 사람은 없다.

06   อย่า   ⋯하지 마라

ในชีวิตประจำวันอย่าใช้ภาษาต่างประเทศ
> 일상생활에서 외국어를 사용하지 말아라.

อย่าทิ้งขยะของเสียในที่นี่
> 이곳에 쓰레기를 버리지 마시오.

07   มักจะ   대개, 일반적으로, 항상, 자주

ในวันเสาร์อาทิตย์เขามักจะเดินเล่นตามทางเดินแถวบ้านนอก
> 주말에 그는 대개 시골길을 따라 걷곤 한다.

คุณแม่ไม่ชอบซื้ออาหารในตลาดมักจะทำเองเสมอ
> 어머니는 시장에서 음식을 사는 것을 좋아하지 않고 대개 손수 만드신다.

08   ไม่ว่า... ก็ตาม   ⋯를(을) 막론하고, ⋯든지 간에

ไม่ว่าใครก็ตามต้องมุ่งหน้าไปสู่จุดหมายปลายทางโดยไม่หยุดยั้ง
> 누구든지 목표점을 향해 멈추지 않고 정진해야 한다.

สำหรับดิฉันชอบไปเที่ยวไม่ว่าจะเป็นในประเทศหรือต่างประเทศก็ตาม
> 내 경우는 국내든 해외든 놀러 가는 것을 좋아한다.

다음 문장을 태국어로 바꾸어 쓰시오.

01 그는 친구들에게 나쁜 짓을 많이 해서 벌을 받았어요.

____

02 최소한 우리는 중국인이 쑤코타이 시대부터 태국에 존재했다고 알고 있다.

____

03 한국에 7, 8월은 숨이 막힐 정도로 너무 덥다.

____

04 이럴 수가 있나! 그의 아버님이 갑자기 돌아가시다니.

____

05 태국인과 결혼하여 자손을 가진 무슬림은 적다.

____

06 미치광이는 상대하지 말고 술 취한 사람에게는 말하지 마라.

____

07 태국인들은 일반적으로 육류보다 생선을 더 좋아한다.

____

08 아버지는 대개 차를 운전하고 회사에 가신다.

____

09 어느 나라 사람을 막론하고 태국을 좋아한다.
왜냐하면 태국은 자연적으로 아름다운 관광지가 있기 때문이다.

____

____

활용 표현

เฮ้อ เกิดเรื่องอะไรขึ้น	도대체 무슨 일이에요?
คุณได้ข่าวเรื่องนั้นบ้างรึเปล่าคะ น่าเศร้ามากค่ะ	그 이야기 들으셨어요? 너무 속상해요.
ครับ ผมก็เหมือนกัน แค่คิดก็สะเทือนใจมากครับ	네. 저도 그 생각만 하면 가슴이 아파요.
เศร้าค่ะ	슬퍼요.
อยากร้องไห้จังครับ	울고 싶네요.
ซึมเศร้าค่ะ	우울해요.
น่าเอ็นดูครับ	가여워라.
มันไม่น่าเลยจริง ๆ ค่ะ	그것 참 안됐군요.
น่าสงสารครับ	불쌍해요.
กรุณาเช็ดน้ำตาค่ะ	눈물을 닦으세요.
มีเรื่องกังวลอะไรเหรอครับ	무슨 걱정거리라도 있으세요?
อย่ากังวลไปเลยค่ะ	걱정 마세요.
คงไม่เกิดเรื่องอะไรหรอกนะครับ อย่าห่วงเลย	아마 아무 일도 생기지 않았을 거예요. 걱정하지 마세요.
มีเรื่องอะไรไหมคะ	무슨 일이 있으세요?
กำลังกังวลเรื่องอะไรอยู่เหรอครับ	무슨 일로 고민하세요?
ไม่สบอารมณ์เรื่องไรเหรอคะ	무슨 일로 기분이 언짢으세요?
ยากลำบากครับ	어려워요.
ไม่รู้ว่าจะทำสำเร็จได้หรือไม่ค่ะ	해낼 수 있을지 모르겠어요.
ไม่มีทางที่จะทำได้ครับ	어떻게 해 볼 도리가 없어요.
เหมือนว่ามันจะสูญสิ้นไปหมดค่ะ	모든 것이 다 끝난 것 같아요.
ไม่หรอกครับ เดี๋ยวมันก็ดีขึ้น อย่ากังวลไปเลยครับ	아니에요. 곧 좋아질 거니깐 너무 걱정 마세요.
มีกำลังใจหน่อยค่ะ	기운 내세요.
ต้องมีความกล้าครับ	용기를 가지세요.

อย่าพึ่งยอมแพ้ค่ะ	포기하지 마세요.
กรุณาคิดในแง่ดีครับ	긍정적으로 생각해 보세요.
อย่าคิดมากไปค่ะ	너무 심각하게 생각하지 마세요.
ลืมมันไปให้หมดครับ	다 잊어버리세요.
อย่าเศร้าใจกับเรื่องเล็ก ๆ น้อย ๆ เลยค่ะ	그런 사소한 일로 상심하지 마세요.
ไม่ได้ผิดที่คุณครับ	당신 탓이 아니에요.
ฟังเรื่องนั้นแล้วยิ่งรู้สึกไม่น่าเลยค่ะ	그 말을 들으니 참 안됐네요.
สามารถทำให้ลุล่วงจนเสร็จครับ	끝까지 해낼 수 있어요.
จะจบลงแบบนี้ไม่ได้ค่ะ	이것이 끝이 아닐 거예요.
สามารถเริ่มใหม่ได้อีกครับ	다시 시작할 수 있어요.
ไม่รู้ว่าจะต้องพูดว่าอย่างไรคะ สู้นะคะ	어떻게 말을 해야 할지 모르겠네요. 힘 내요.
ขอบคุณที่ปลอบใจให้นะครับ	위로해 주셔서 감사합니다.
เมื่อวานตอนดึก คุณย่าของดิฉันเสียค่ะ	어젯밤에 제 할머니께서 돌아가셨어요.
โถ่ อย่าโศกเศร้ามากไปเลยครับ	저런, 너무 낙담하지 마세요.
แสดงความเสียใจด้วยค่ะ	애도를 표합니다.
ขอให้ไปสู่สุคติครับ	삼가 고인의 명복을 빕니다.
ขอไว้อาลัยด้วยใจจริงค่ะ	진심으로 조의를 표합니다.
โศกเศร้ามากจริง ๆ เลยนะครับ	정말로 애통하네요.
ตามความคิดเห็นฉันแล้ว ไม่ทำแบบนั้นน่าจะดีกว่าค่ะ	제 생각엔 그거 안 하는 게 좋겠어요.
ถ้าไม่พอแค่นั้นมันจะอันตรายครับ	그만두지 않으면 위험할 거예요.
ดิฉันขอตักเตือนคุณหน่อยค่ะ	내가 충고 좀 할게요.
ทิ้งนิสัยนั้นไปครับ	성질을 좀 죽여요.
กรุณาทิ้งความคิดนั้นค่ะ	그 생각을 버리세요.
ก็เพราะอย่างนี้จึงไม่ได้ไงครับ	이래서는 안 돼요.
ไม่น่าทำอย่างนั้นเลยค่ะ	그러지 말았어야죠.
ขอคำแนะนำหน่อยสิครับ	조언을 부탁합니다.
ก็นั่นไงคะ ดิฉันถึงบอกให้ระวังค่ะ	그래서 내가 조심하랬잖아요.

ทำตามที่เขาเตือนก็ดีนะครับ	그의 충고를 따르는 게 좋겠어요.
อย่าโกรธนะคะ	화내지 마세요.
ทำใจดี ๆ ครับ ไม่ใช่เรื่องร้ายแรงอะไรครับ	진정해요. 별일 아니잖아요.
ไม่ได้มีจุดประสงค์ที่จะทำให้คุณโกรธค่ะ	당신을 화나게 할 뜻은 아니었어요.
คุณทนหน่อยครับ	당신이 참으세요.
รู้เรื่องแล้วแหละ คุณทำให้ดิฉันผิดหวังค่ะ	벌써 들었어요. 실망이에요.
รู้จักอายบ้างนะครับ	창피한 줄 아세요.
ผิดหวังในตัวคุณค่ะ	당신에게 실망했어요.
ผมทำผิดพลาดที่พูดเรื่องนั้นออกไปครับ	제가 실수로 그 이야기를 말해 버렸어요.
ว่าอะไรนะคะ ทำอย่างนั้นไปได้ยังไงคะ	뭐라고요? 어떻게 그럴 수 있어요
คุณใจเสาะไปครับ	당신은 비겁했어요.
ทำพฤติกรรมโง่ ๆ ค่ะ	어리석은 짓이에요.
ทำไมทำกิริยาแบบนี้ครับ	왜 이런 식으로 행동하죠?
แม้จะทำอะไรแบบนั้นไปก็ยังไม่อายอีกเหรอคะ	그런 짓을 하고도 부끄럽지 않아요?
ตอนนี้ถึงเวลาที่มันต้องหยุดซักทีครับ	이제 그만할 때도 되었잖아요.
เกิด(อุบัติเหตุ)ระหว่างทางค่ะ	오는 도중에 사고가 났어요.
เดี๋ยวนี้คำแก้ตัวแบบนี้ฟังไม่ขึ้นแล้วล่ะ	이제 그런 변명은 안 통해요.
ดิฉันจะไม่ทำแบบนั้นอีกค่ะ	다시는 그러지 않을게요.
ไม่มีทางเลือกอื่นสำหรับเราครับ	우리에겐 다른 선택의 여지가 없어요.
อย่าแก้ตัวค่ะ	변명하지 마세요.
ไม่จำเป็นต้องมีคำแก้ตัวแบบนั้นครับ	그런 변명은 필요 없어요.
ได้โปรดค่ะ ตอนนี้ขอให้ดิฉันอยู่ลำพังได้ไหมคะ	제발, 지금은 저를 좀 내버려 두세요.
ทนอีกไม่ไหวแล้วครับ	더는 못 참겠어요.
หยุดพูดเรื่องที่ไม่ได้เรื่องสักทีค่ะ	그런 말도 안 되는 소리 집어치워요.
ผมเหมือนจะตายอยู่แล้ว เพราะปัญหามันยังไม่คลี่คลายซักทีครับ	요즘 일이 안 풀려서 죽을 맛이에요.
ต้องสู้นะคะ	힘내세요.
ถ้าทำผิดพลาดไปทำไงดีครับ	잘못되면 어떻게 하죠?

ไม่เป็นไรค่ะ อย่าตื่นเต้นไปค่ะ	괜찮을 거예요. 긴장 풀어요.
เฮ้อ ปากคอแห้งหมดแล้วครับ	아, 입술이 바짝바짝 타네요.
ตื่นเต้นมากค่ะ	너무 긴장돼요.
ดูมือสั่นซิครับ	손 떨리는 것 좀 봐요.
ใจเต้นตึกตักค่ะ	마음이 조마조마해요.
กระวนกระวายใจเหมือนเป็นบ้าครับ	초조해서 미칠 것 같아요.
กลัวค่ะ	무서워요.
กลัวจะตายอยู่แล้วครับ	겁나 죽겠어요.
ไม่มีเรื่องเลวร้ายอะไรหรอกหค่ะ มีดิฉันอยู่ทั้งคนค่ะ	별일 없을 거예요. 제가 함께 있을게요.
แค่คิดก็กลัวแล้วครับ	생각만 해도 무서워요.
กระวนกระวายใจจะตายอยู่แล้วค่ะ	불안해 죽겠어요.
อย่าหวาดกลัวไปเลยครับ	두려워하지 마세요.
แค่คิดก็หนาวแล้วค่ะ	생각만 해도 오싹해요.
ขนลุกเกรียวไปทั้งตัวครับ	온몸에 소름이 돋았어요.
เหงื่อแตกเลยทีเดียวค่ะ	식은땀이 났어요.
ลองสูดลมหายใจลึก ๆ ครับ	심호흡을 해 봐요.
อย่าพูดเล่นนะคะ	농담하지 마세요.
สำหรับผม เป็นเรื่องหนักนะครับ	난 심각해요.
ไม่ใช่อารมณ์ที่จะพูดเล่นนะคะ	농담할 기분이 아니야.
ตอนนี้หยุดพูดเล่นได้แล้วลองพูดเรื่องจริงนะครับ	이제 농담은 그만하고 진짜 얘기를 해 보죠.
สิ่งที่อยากพูดคืออะไรคะ	말하고 싶은 게 뭐예요?
ปัญหาคืออะไรเหรอครับ	문제가 뭐죠?
มันคืออะไรคะ ไหนลองพูดหน่อยสิคะ	뭔지 말해 봐요.
ลองบอกเหตุผลมาหน่อยสิครับ	이유를 말씀해 보세요.
อย่าหนีแบบนั้นสิคะ	그렇게 피하지 마세요.
กรุณาฟังผมพูดจนจบครับ	제 말을 끝까지 들어 보세요.

พูดมาตรง ๆ อย่าพูดวกวนแบบนั้นค่ะ	빙빙 돌리지 말고 말해 보세요.
ไหนลองพูดแบบจริงใจหน่อยสิครับ	진지하게 이야기해 보죠.
อยากทำให้เข้าใจตรงกันนะคะ	똑바로 이해하시기를 원해요.
สักวันต้องรู้สึกเสียใจกับเรื่องที่ได้ทำไปครับ	지금의 일을 언젠가는 후회하게 될 거예요.
แต่ตอนนี้ มันก็สายไปแล้วละค่ะ	하지만 이미 너무 늦었어요.
ถ้าพยายามอีกหน่อยก็คงจะดีครับ	더 노력했더라면 좋았을 텐데…
ว่าไงนะคะ ไม่น่าเชื่อ	뭐라고요? 믿을 수가 없어요!
เดี๋ยว ๆ ใจเย็น ๆ ก่อนครับ	잠깐만, 우리 침착해야 해!
เลิกตื่นเต้นก่อนค่ะ	흥분을 가라앉혀요.

07 การถามเรื่องเวลา วัน เดือน ปี

회화 

มินแจ ขอโทษนะครับ ตอนนี้เวลากี่โมงแล้ว

민재 실례합니다만 지금 몇 시죠?

สุดา ตอนนี้บ่ายสามโมงแล้วค่ะ มินแจ มีเรียนอีกหรือคะ

쑤다 지금 오후 3시에요. 민재 수업 더 있어요?

มินแจ ใช่ครับ ผมมีเรียนต่ออีก ต้องเรียนจนถึงหกโมงเย็น
เดี๋ยวนี้ไม่ค่อยมีเวลาแม้แต่ชั่วโมงเดียว

민재 네, 전 계속 수업이 있어요. 6시까지 수업해야 합니다.
요즘은 한 시간조차도 그다지 시간이 없네요

สุดา หมู่นี้คุณขยันเรียนมาก คุณเตรียมตัวจะไปเมืองไทยหรือ

쑤다 요즘 당신은 매우 열심히 공부하네요. 태국 갈 준비 되었어요?

มินแจ ใช่ครับ อีกสามเดือนผมจะไปเมืองไทย

민재 네, 3개월 후 태국에 갈 거예요.

สุดา คุณจะไปเมืองไทยเมื่อไรคะ

쑤다 당신은 태국에 언제 가죠?

มินแจ ผมตั้งใจว่าจะไปตอนปิดเทอมประมาณเดือนกรกฎาคม

민재 방학 때 가기로 결심했어요. 대략 7월경입니다.

สุดา ดีจัง ฉันก็อยากไป แต่ช่วงนั้นเมืองไทยน่าจะอากาศร้อนและมีฝนตก
쑤다 정말 좋겠네요. 나도 가고 싶어요. 그러나 그 때 태국은 날씨가 덥고 비가 올 거예요.

มินแจ ผมก็ได้ยินอย่างนั้นเหมือนกัน แต่ผมอยากไปเรียนช่วงปิดเทอม
민재 나 역시 그렇게 들었어요. 그러나 난 방학 때 공부하러 가고 싶어요.

สุดา ฉันคิดว่าคุณโชคดีมากที่มีโอกาสจะได้ไปเรียนที่นั่น
쑤다 그곳으로 공부할 기회를 가져서 매우 운이 좋다고 생각해요.

มินแจ แล้วคุณล่ะ ไม่ไปเรียนภาษาอังกฤษหรือ
민재 그러면 당신은요? 영어 배우러 안 가요?

สุดา ฉันยังไม่เก่งภาษาอังกฤษ ต้องเรียนมากกว่านี้อีก
ปีที่แล้วก็คิดว่าจะไปกับเพื่อนที่ประเทศสหรัฐอเมริกา
แต่ฉันได้งานก่อนเลยทำงาน ปิดเทอมนี้ฉันตั้งใจว่าจะเรียนภาษาอังกฤษ
แล้วค่อยไปเมืองไทยปีหน้าดีกว่า
쑤다 난 아직 영어를 잘 하지 못해요. 지금보다 더 많이 공부해야 해요.
작년에 친구와 함께 미국에 갈까 생각했지만 취직해서 일을 했어요.
이번 방학엔 작정하고 영어 공부할 거예요. 그리고 태국엔 내년에 가는 것이 더 좋겠네요.

มินแจ ถ้างั้นคุณจะไปเดือนอะไรครับ
민재 그러면 몇 월에 갈 거죠?

สุดา ฉันตั้งใจว่าจะไปประมาณเดือนมกราคมปีหน้า ช่วงนั้นอากาศจะเย็นมาก
กว่า
쑤다 대략 내년 1월에 가려고요. 그 땐 날씨가 더 선선해요.

มินแจ ก็ดีเหมือนกัน แต่ผมตัดสินใจแล้วว่าจะไปปีนี้
งั้นให้ผมไปก่อนนะ คิดว่าแม้จะเป็นช่วงปิดเทอมก็ตามเราไม่ควรเที่ยว
อย่างเดียวอย่างเด็ดขาด
민재 역시 좋네요. 전 올해 가기로 결심했어요. 그럼 제가 먼저 가는 것으로 할게요.
비록 방학이지만 우리는 절대로 놀기만 해서는 안 됩니다.

สุดา   ขอให้ขยันเรียนอย่างที่หวังไว้นะคะ ฉันขอให้คุณเรียนภาษาไทยเก่งเร็ว ๆ
นะคะ ฉันต้องไปแล้ว มีนัดตอนบ่ายสามโมงยี่สิบนาที

쑤다   뜻한 바대로 열심히 공부하세요. 저는 민재가 빨리 태국어를 잘 배우길 바랍니다.
전 가야만 해요. 오후 3시 20분에 약속이 있어요.

มินแจ   โชคดีนะ แล้วพบกันใหม่ครับ

민재   안녕. 또 만나요.

 단어 학습

ถาม 묻다, 질문하다 ▌ บ่าย 오후 ▌ เดี๋ยวนี้ 지금, 이제, 현재, 즉시, 곧 ▌ ไม่ค่อย 그다지 …하지 않다
เดียว 유일하다, 하나의 ▌ หมู่นี้ 요즈음 ▌ ขยัน 부지런하다, 열심이다, 근면하다
เตรียมตัว 준비하다, 태세를 갖추다 ▌ ได้ยิน 들리다 ▌ ละ (어조사) 의문, 명령, 간원문에 사용 ▌ ตัดสินใจ 결심하다
ได้งาน 일자리를 얻다 ▌ ค่อย 천천히, 슬슬, 점점 ▌ เด็ดขาด 절대로, 전혀, 단호하다, 단연, 기필코, 반드시

01 แม้แต่, แม้กระทั่ง …조차, …까지

เขายากจนจนไม่มีอาหารกินแม้แต่สักมื้อเดียว
그는 한 끼조차 먹을 음식이 없을 정도로 가난하다.

ในกระเป๋าของเขาไม่มีเงินแม้แต่สตางค์เดียว
그의 가방에는 1싸땅조차도 돈이 없다.

02 ต่อ …에 대해서, …당(마다), 연결하다, (차) 갈아타다, (값) 흥정하다

สุนัขเป็นสัตว์ที่มีประโยชน์ต่อมนุษย์
개는 인간에 대해 유용한 동물이다.

ดอกเบี้ยร้อยละ ๑๐ ต่อปีนั้นแพง
1년 이자가 10%이면 비싸다.

ช่วยต่อสายคุณสมชายหน่อย
쏨차이 씨에게 연결 좀 해 주세요.

นั่งรถเมล์สาย ๒๓ แล้วต่อรถไฟใต้ดินสาย ๓ นะคะ
23번 버스를 탄 다음 3호선 지하철로 갈아타세요.

ต่อราคาได้ไหมครับ
값을 흥정할 수 있어요?

03 จนถึง …까지

เขาเรียนหนังสือจนถึงสว่าง
그는 날이 샐 때까지 공부했다.

ดิฉันไม่เคยขาดเรียนจนถึงวันสำเร็จการศึกษาตั้งแต่เรียน
나는 학교를 졸업할 때까지 결석한 적이 없다.

04 ขยัน 열심히 …하다, 근면하다

เราต้องขยันเรียนหนังสือจึงจะได้เข้ามหาวิทยาลัยระดับชั้นหนึ่ง
우리는 열심히 공부해야 한다. 그래야 일류 대학교에 들어갈 수 있을 것이다.

ด้วยเหตุที่คนจีนเป็นคนขยันและทำงานไม่เลือกเศรษฐกิจของไทยจึงเคยตกอยู่ในมือคนจีน
중국인은 근면하고 일을 가리지 않고 하기 때문에 태국의 경제가 중국인의 손에 전락한 적이 있었다.

05 ตั้งใจ(จะ) …할 작정이다, 작정하고 …하다

สำหรับปีนี้ตั้งใจจะไปเที่ยวเกาะภูเก็ต
올해는 푸껫에 놀러 갈 작정이다.

ในฤดูใบไม้ร่วงดิฉันตั้งใจจะแต่งงาน
가을에 난 결혼할 작정이다.

06 อย่างเด็ดขาด, เป็นอันขาด, โดยเด็ดขาด 절대로, 단호하게, 결코

สิ่งของที่เหมือนกับอันนี้ไม่มีเด็ดขาด
이와 같은 물건은 절대로 없다.

นั่นทำไม่ได้เป็นอันขาด
그것은 절대로 안 된다.

07 ไม่...เป็นอันขาด, ไม่...โดยด็ดขาด, ไม่...อย่างเด็ดขาด
결코(절대로) …이 아니다

ผมไม่ทำเรื่องอย่างนั้นเป็นอันขาด
나는 그와 같은 일을 결코 하지 않았다.

เขาไม่มีความรับผิดชอบเกี่ยวกับคดีนี้อย่างเด็ดขาด
그는 이 사건에 대해 결코 책임이 없다.

 อย่างที่หวังไว้, อย่างที่ตั้งใจ 뜻한 바대로, 결심한 바대로

ผมจะเป็นนักวิทยาศาสตร์อย่างที่หวังไว้
나는 뜻한 바대로 과학자가 될 것이다.

เขาได้เป็นสมาชิกสภาผู้แทนราษฎรอย่างที่หวังไว้
그는 뜻한 바대로 국회의원이 되었다.

다음 문장을 태국어로 바꾸어 쓰시오.

01 나는 외국이라곤 단 한번도 가 본 적이 없다.

____

02 바나나 열매는 맛이 좋고, 우리 몸에 유익하다.

____

03 오늘 환율은 1바트당 35원이다.

____

04 504호실 좀 연결해 주세요.

____

05 한국 팀이 태국 팀을 3:2로 이겼다.

____

06 그는 친구들과 술이 취할 때까지 마셨다.

____

07 나는 이 일을 다음 달에 마칠 작정이다.

____

08 당신은 나를 절대로 이길 수 없다.

____

09 아버지는 절대로 법을 어기지 않았다.

____

10 뜻한 바대로 성공을 거두시길 바랍니다.

____

활용 표현

ประตูเปิดตอนกี่โมงครับ	문은 몇 시에 열어요?
เปิดตอนสิบโมงเช้าค่ะ	아침 열 시에 열어요.
ประตูปิดตอนกี่โมงครับ	문은 몇 시에 닫아요?
ปิดตอนสองทุ่มค่ะ	저녁 8시에 닫아요.
จะลองถามใครดีครับ	누구에게 여쭤 볼까요?
กรุณาลองถามผู้แนะนำดูค่ะ	안내원에게 여쭤 보세요.
ตรงนี้มีคนนั่งไหมครับ	여기 자리 있어요?
วันเสาร์เปิดไหมคะ	토요일에 문을 열어요?
ตอนนี้กี่โมงแล้วครับ	지금 몇 시예요?
บ่ายโมง สิบห้านาทีค่ะ	오후 한 시 십오 분이에요.
อ๊ะ นาฬิกาผม บ่ายโมงสามสิบนาทีครับ	어, 제 시계는 한 시 삼십 분인데요.
นาฬิกานั้นเร็วนะคะ	시계가 빠르네요.
จะไปกี่โมงดีครับ	몇 시에 갈까요?
มาก่อนสิบโมง สิบห้านะครับ	열 시 십오 분 전에 오세요.
ถ้างั้นจะมาอีกทีตอนกี่โมงคะ	그럼 몇 시에 다시 올까요?
ขอโทษครับ ผมไม่มีนาฬิกาครับ	죄송하지만, 저는 시계가 없어요.
เวลาต่างจากเกาหลีแค่ไหนคะ	한국과 시차가 얼마예요?
ได้เวลาต้องไปสนามบินแล้วครับ	공항으로 가야 할 시간이네요.
จริงด้วยครับ เวลาเดินเร็วจริง ๆ เลยค่ะ	그러네요. 시간이 정말 빨리 갔네요.
เครื่องออกกี่โมงครับ	비행기는 언제 출발해요?
เครื่องออกหนึ่งชั่วโมงให้หลังค่ะ	한 시간 후에 출발해요.
ไปสนามบินใช้เวลานานเท่าไรครับ	공항까지는 시간이 얼마나 걸려요?
ประมาณสามสิบนาทีค่ะ	삼십 분 걸려요.
นานเหมือนกันนะครับ รีบไปเถอะ	오래 걸리는군요. 어서 가세요.
ได้เวลาแล้วเหรอคะ	시간이 되었나요?

เหมือนเวลาไม่เดินเลยนะครับ	시간이 참 안 가네요.
ต่อเวลาได้นิดนึงนะคะ	시간 좀 벌었네요.
คอยอยู่สามชั่วโมงครับ	세 시간 동안 기다렸어요.
วันนี้วันที่เท่าไรคะ	오늘이 며칠이에요?
วันที่สอง เมษายนครับ	4월 2일이에요.
อ่อ ถ้างั้นอีกสองวันก็จะไปแล้วสิคะ	아, 그럼 이틀 후에 떠나는 건가요?
ไม่ครับ ยังเหลืออีกสามวันครับ	아니요, 아직 사흘 남았어요.
วันนี้ตรงกับวันที่เท่าไรตามปฏิทินจันทรคติคะ	오늘이 음력 며칠이지요?
วันนี้เดือนอะไรครับ	오늘이 몇 월이에요?
นั่นอีกกี่วันถึงจะทำครับ	그거 며칠 후에 할 거예요?
ถ้างั้นเราจะเจอกันวันไหนดีคะ	그럼, 무슨 요일에 만날까요?
อืม วันนี้วันอะไรนะครับ	글쎄요, 오늘이 무슨 요일이에요?
วันอังคารค่ะ	화요일이에요.
ถ้างั้นเจอกันวันศุกร์ครับ	그럼, 금요일에 만나요.
วันเสาร์นี้ว่างไหมคะ	이번 주 토요일에 시간 있어요?
เจอกันวันอื่นได้มั้ยครับ	다른 요일에 만날 수 있어요?
วันจันทร์หน้าก็ได้ค่ะ	다음 주 월요일엔 괜찮아요.
วันนี้เป็นวันพิเศษอะไรเหรอครับ	오늘이 무슨 특별한 날이에요?
วันรัฐธรรมนูญค่ะ	헌법의 날이에요.
วันหยุดที่ยาวที่สุดของประเทศไทยคือวันอะไรครับ	태국에서 가장 긴 공휴일은 언제예요?
วันสงกรานต์ค่ะ	쏭끄란일이에요.
วันรัฐธรรมนูญถือเป็นวันหยุดราชการครับ	헌법의 날은 법정 공휴일이에요.
วันนั้นเป็นวันพักผ่อนอยู่ที่บ้านของทุกคนค่ะ	그 날은 모두가 집에서 쉬어요.

08 가족
ครอบครัว

회화 

มินแจ **สุดา มาอยู่เกาหลีตั้งนานแล้วนะ คิดถึงบ้านไหมครับ**

민재 쑤다! 한국에 온 지 오래 되었지요. 집 생각 나요?

สุดา **บางครั้งคิดถึงเหมือนกันค่ะ โดยเฉพาะเวลาอยู่ที่หอพักคนเดียวคิดถึง
ครอบครัวมากกว่า**

쑤다 가끔은 생각나요. 특히 숙소에 혼자 있을 때 가족 생각이 더 나요.

มินแจ **ผมก็เห็นใจด้วยนะ ในโลกนี้ไม่มีใครปราศจากครอบครัว
ผมไม่เคยอยู่ห่างจากครอบครัวเลย แต่ยังไงก็ทนหน่อยนะ**

민재 나도 그렇게 생각해요. 이 세상에 가족이 없는 사람은 없죠.
난 가족과 떨어져 있은 적이 전혀 없어요. 그렇지만 좀 참으세요.

สุดา **ออ นึกออกแล้ว มีรูปถ่ายครอบครัวฉันอยู่ในมือถือ ครอบครัวฉันมีเจ็ดคน
พ่อ แม่ พี่ชายหนึ่งคน พี่สาวหนึ่งคน ตัวฉัน และน้องชายอีกสองคน**

쑤다 어! 생각났어요. 핸드폰에 내 가족 사진이 있어요. 저의 가족은 7명이에요.
아버지, 어머니, 오빠 1명, 언니 1명, 저, 그리고 동생 2명이에요.

มินแจ **ท่านนี้คุณพ่อสุดาแน่ ๆ หล่อมากและดูเหมือนยังแข็งแรงมากเลยนะครับ**

민재 이분이 쑤다 씨 아버지가 틀림없죠. 아주 멋지시고 정정해 보이시네요.

สุดา   ใช่แล้ว ท่านนี้คุณพ่อฉัน ชื่อสมชาย มีอาชีพค้าขาย
เปิดร้านขายอาหารอยู่ นี่คุณแม่ ชื่อสุภาพร ช่วยพ่อทำอาหารอยู่
เปิดร้านอาหารมานาน

쑤다   맞아요. 이분이 제 아버지에요. 이름은 쏨차이고 직업은 장사를 하십니다.
음식점을 하시죠. 이 분은 어머니인데 이름이 쑤파펀이에요.
아버지를 도와 음식을 만드시죠. 오랫동안 음식점을 해 왔어요.

มินแจ   นิสัยของคุณพ่อคุณแม่เป็นอย่างไรครับ

민재   부모님의 성격은 어떻습니까?

สุดา   ค่อนข้างกระตือรือร้นค่ะ

쑤다   활동적인 편이에요.

มินแจ   แล้วสองคนนี้ใครครับ รู้สึกเป็นสามีภรรยากัน

민재   그러면 이 두 사람은 누구죠? 부부 같은데요.

สุดา   ไม่ใช่ ทางซ้ายเป็นพี่ชายและทางขวาเป็นพี่สาวตามลำดับ
ทั้งสองคนรับราชการอยู่ พี่ชายเป็นครูมัธยม สอนวิชาภาษาอังกฤษ และ
พี่สาวเป็นนางพยาบาล

쑤다   아녜요. 순서대로 왼쪽은 오빠이고 오른쪽은 언니에요.
두 사람 모두 공무원이에요. 오빠는 영어를 가르치는 선생님이고, 언니는 간호사예요.

มินแจ   งั้นน้องชายทำอะไรครับ

민재   그러면 남동생은 뭐 해요?

สุดา   น้องชายคนแรกทำงานอยู่ที่บริษัทก่อสร้าง ส่วนน้องชายคนเล็กกำลัง
เรียนอยู่ที่มหาวิทยาลัยเอกชน น้องทั้งสองคนก็หล่อไม่แพ้พี่ชายใช่ไหม

쑤다   첫째 남동생은 건설 회사에서 일하고 있고, 막내 남동생은 사립대학교에 재학하고 있어요.
동생들도 형 못지 않게 잘생겼죠?

มินแจ   ใช่ครับ ดูเหมือนครอบครัวคุณทุกคนมีความสุขนะครับ

민재   네, 그러네요. 당신 가족이 행복해 보이네요.

สุดา ตอนเป็นเด็กครอบครัวของฉันอยู่กับญาติพี่น้อง
บ้านฉันอยู่ติดกับบ้านคุณยาย บ้านลุง และบ้านน้า ฉันก็เลยมีเพื่อน ๆ
ที่เป็นลูกพี่ลูกน้องหลายคน

쑤다 어릴 때 나의 가족은 친척들과 함께 살았어요.
나의 집은 외할머니, 큰아버지, 그리고 이모 집과 붙어 있었어요.
그래서 전 사촌 형제들이 많아요.

มินแจ ผมคิดว่ายิ่งมีสมาชิกครอบครัวมากก็ยิ่งดีนะครับ

민재 저는 가족들이 많으면 많을수록 더욱 좋을 거라고 생각해요.

 단어 학습

ตั้ง …이나, 꼭, …내내 ┃ คิดถึง 그리워하다, 보고싶다 ┃ โดยเฉพาะ 특히 ┃ หอพัก 기숙사
เห็นใจ 동정하다 ┃ โลก 지구, 세계, 세속 ┃ ห่าง 떨어져 있다, 가깝지 않다, 멀다 ┃ นึก 생각하다, 고려하다, 사고하다
รูปถ่าย 사진 ┃ มือถือ 핸드폰 ┃ แน่ 정말로, 분명히, 확실히, 반드시 ┃ แข็งแรง 튼튼하다, 건강하다
อาชีพ 직업 ┃ ค้าขาย 장사하다, 상업하다, 무역하다 ┃ นิสัย 성격, 습성, 기질 ┃ ค่อนข้าง 비교적 …하다
กระตือรือร้น 열심히 하다, 적극적으로 하다 ┃ รับราชการ 공직에 종사하다, 공무원으로 근무하다
นางพยาบาล 간호사 ┃ แรก 최초의, 처음의, 첫 번째의 ┃ บริษัทก่อสร้าง 건설 회사 ┃ เอกชน 개인, 민간인
ญาติพี่น้อง 친척 형제 자매 ┃ ลุง 아버지의 형이나 어머니의 오빠 ┃ น้า 어머니의 남동생이나 여동생
ลูกพี่ลูกน้อง 사촌 형제나 자매

01 ปราศจาก　…이 없는

เขาเป็นคนปราศจากความคิด
그는 생각이 없는 사람이다.

ในโลกนี้ไม่มีใครที่อยู่โดยปราศจากความปรารถนา
이 세상에 욕망 없이 사는 사람은 없다.

02 ตั้ง　…(이)나

ผมไม่ได้ทานอาหารไทยตั้งนานแล้ว
나는 태국 음식을 먹어 본 지 무척이나 오래 되었다.

เราไม่ได้พบกันตั้ง 10 กว่าปีแล้ว
우리가 서로 만나지 않은 지 10년이나 되었다.

03 บางครั้ง, บางที　가끔, 때때로

บางครั้งลิงก็ตกจากต้นไม้ได้
때때로 원숭이도 나무에서 떨어질 수 있다.

บางทีมีแขกมาเยี่ยมที่บ้านตอนกลางคืน
가끔 밤중에 찾아오는 손님이 있다.

04 โดยเฉพาะ, โดยเฉพาะอย่างยิ่ง　특히

เขาพูดภาษาต่างประเทศคล่องโดยเฉพาะภาษาไทย
그는 외국어, 특히 태국어를 유창하게 말한다.

ประเทศไทยผลิตสินค้าเกษตรหลายอย่างโดยเฉพาะข้าว ข้าวโพด ผลไม้ต่าง ๆ เป็นต้น
태국은 여러 가지 농산품, 특히 쌀, 옥수수, 각종 과일 등을 생산한다.

05   เวลา   …할 때

เวลาหมดเงินแล้วบางครั้งผมยืมเงินเพื่อนใช้
돈이 떨어지면 난 가끔 친구에게 빌려 사용한다.

เวลาไปโรงเรียนดิฉันมักจะนั่งรถเมล์ไป
학교 갈 때 나는 대개 버스 타고 간다.

06   เคย   …한 적(경험)이 있다

คุณเคยบอกผมว่าเมื่อก่อนในกรุงเทพมีรถเจ๊กและรถสามล้อ
당신은 예전에 방콕에 인력거와 삼륜차가 있었다고 내게 말한 적이 있다.

ผมยังไม่เคยไปเที่ยวภาคใต้ของประเทศไทย
나는 아직 태국 남부에 놀러 간 적이 없다.

07   มี…อยู่   존재하다, 가지고 있다

บ้านดิฉันมีดอกไม้หลายชนิดอยู่
나의 집에는 여러 종류의 꽃이 있다.

คุณยายผมยังมีชีวิตอยู่
외할머니는 아직 살아 계십니다.

08   เป็นเวลานาน, เสียนาน   오랫동안

ขออภัยด้วยที่มิได้มาหาเสียนาน
오랫동안 방문하지 못해 용서를 구합니다.

อาจารย์คนนั้นไปเรียนที่ประเทศไทยเป็นเวลานาน
그 교수님은 오랫동안 태국에 공부하러 가셨습니다.

09 **ตามลำดับ** 순서대로, 차례로

สอบสัมภาษณ์นักเรียนที่มาสอบแข่งขันตามลำดับ
시험에 응시한 학생을 차례로 면접을 했다.

เราไปเยี่ยมมหาวิทยาลัย พิพิธภัณฑ์และวัดต่าง ๆ ตามลำดับ
우리는 대학교, 박물관, 그리고 여러 사원을 순서대로 방문했다.

10 **ไม่แพ้ , ไม่น้อยไปกว่า, ไม่ด้อยไปกว่า** …못지 않게

ถึงแม้เขายังเป็นเด็กแต่เขาคิดอะไรลึกซึ้งไม่น้อยไปกว่าผู้ใหญ่
그는 비록 어린 아이지만 어른 못지 않게 깊이 생각한다.

เขาเป็นคนฉลาดไม่น้อยไปกว่าพี่ชายของเขา
그는 그의 형 못지 않게 현명한 사람이다.

11 **ดูเหมือน(ว่า)** …인 듯하다, …처럼 보인다

แม้จะแต่งตัวรุ่มร่ามแต่ดูเหมือนว่าเป็นคนที่มีฐานะการเงินดี
외모는 허술해도 꽤 돈이 많은 사람인 듯하다.

ถึงแม้เขามีทรัพย์สินสมบัติน้อยแต่ดูเหมือนคนรอบรู้
비록 그는 재산이 많지 않더라도 박식한 사람처럼 보인다.

12 **ยิ่ง...(ก็)ยิ่ง...** …할수록 더욱 …하다

สมองนั้นยิ่งใช้ก็ยิ่งฉลาด
머리는 쓰면 쓸수록 더욱 현명해진다.

เด็กคนนั้นยิ่งโตก็ยิ่งเหมือนพ่อ
그 아이는 커가면 커 갈수록 더욱 아빠를 닮아 간다.

13 **ติด** …에 붙다, 지니다, 연결하다, 전염되다, 빠지다

รถติดมาก
> 차가 매우 붐빈다.

เขาสองคนนั่งติด ๆ กันอยู่
> 그 두 사람은 서로 붙어서 앉아 있다.

ติดอยู่ในโลก
> 속세에 얽매여 있다.

เอาหนังสือติดตัวไปด้วย
> 책을 함께 가지고 가세요.

다음 문장을 태국어로 바꾸어 쓰시오.

01 나는 친구로부터 조건없이 돈을 받았다.

____

02 나는 당신을 3시간이나 기다렸다.

____

03 어느 때는 실수할 수도 있다.

____

04 태국이 공업국가로 발전해 가는 동안에 국민들의 건강문제, 특히 공해 문제가 배가되었다.

____

05 나는 태국에 갈 때 대부분 타이항공을 이용한다.

____

06 태국 북부에는 아직도 산과 밀림을 따라 거주하고 있는 여러 종족의 고산족들이 존재하고 있다.

____

07 태국인들은 예절 문화를 오랫동안 보존해 오고 있다.

____

08 순서대로 한 사람씩 들어오세요.

____

09 요즈음 농촌의 소득 수준은 도시 못지 않다.

____

10 아마 우리 중에는 그 사람이 가장 공부를 잘할 거야.

____

11 우기에는 여행에 조심해야 하며, 우비를 몸에 지니고 가야 한다.

____

12 태국어는 공부하면 할수록 어렵고 복잡해진다.

____

활용 표현

ตอนเด็กโตจากที่ไหนเหรอครับ	어릴 때 어디서 자랐어요?
ดิฉันอยู่ที่ห้องเช่าค่ะ	저는 하숙하고 있어요.
ครอบครัวมีใครบ้างครับ	가족은 어떻게 되세요?
มีพ่อ แม่ ผม และ น้องชายค่ะ	아버지, 어머니, 저 그리고 남동생이 있어요.
มีพี่น้องไหมครับ	형제자매가 있어요?
แต่งงานแล้วหรือยังคะ มีครอบครัวแล้วหรือยังคะ	결혼하셨어요?
น้องสาวของคุณทำงานอะไรครับ	당신의 여동생은 무슨 일을 해요?
ดิฉันเป็นพี่คนโตค่ะ	저는 맏이예요.
ผมเป็นลูกชายคนเดียวครับ	저는 외동아들이에요.
ดิฉันเป็นน้องคนเล็กค่ะ	제가 막내예요.
ครอบครัวผมเป็นครอบครัวใหญ่ครับ	저희 집은 대가족이에요.
คุณย่ายังมีชีวิตอยู่ค่ะ	할머니께서는 살아 계세요.
คุณพ่อทำงานที่บริษัทครับ	아버지께서는 회사에 다니세요.
คุณแม่เป็นแม่บ้านค่ะ	어머니께서는 집에 계세요.
น้องคนที่สองอยู่เมืองเชียงใหม่ครับ	둘째 동생이 치앙마이에 살아요.
เอ่อ ไม่ทราบว่ารู้จักคุณพิชัยไหมคะ	혹시 피차이 씨를 아세요?
ครับ เพื่อนผมเองครับ	네, 제 친구예요.
คุณมีชื่อเล่นอะไรไหมครับ	별명이 있어요?
เพื่อน ๆ มักเรียกฉันว่า ดาว ค่ะ	친구들은 저를 다우라고 불러요.
ค่อนข้างมีจิตใจเด็ดเดี่ยวครับ	결단력이 있는 편이죠.
มีมิตรไมตรีค่ะ	사교적이에요.
กระตือรือร้นครับ	적극적이에요.
ค่อนข้างโดดเด่นทางอารมณ์ขันค่ะ	유머 감각이 뛰어난 편이에요.
ช่างพูดนะครับ	좀 수다스러워요.

ไม่พูดค่ะ	말이 없어요.
เก็บตัวครับ	내성적이에요.
นิสัยเร่งรีบค่ะ	성격이 급해요.
ขี้โมโหนิดหน่อยครับ	좀 다혈질이에요.

09

ที่มหาวิทยาลัย

회화

มินแจ   ว่าไง สุดา กำลังจะไปไหน

민재   어쩐 일이니? 쑤다야! 어디 가는 중이야?

สุดา   เข้าเรียนค่ะ แล้วมินแจ วันนี้มีเรียนกี่ชั่วโมง

쑤다   수업 들어가. 민재는 오늘 수업이 몇 시간이야?

มินแจ   วันนี้เหรอ เรียนตั้ง ๘ ชั่วโมงติด ๆ กัน ไม่มีเวลาทานข้าวกลางวันเลย
แล้วสุดา เทอมนี้ลงทะเบียนกี่หน่วยกิต

민재   오늘 말이니? 8시간이나 연달아 수업이 있어. 점심 먹을 시간도 없어.
쑤다야! 이번 학기에 몇 학점 신청했어?

สุดา   เรียนอะไรต่ออะไรมากมาย รวมวิชาเลือกเสรี วิชาโทและวิชาเอกบังคับ
ทั้งหมด ๑๙ หน่วยกิต

쑤다   이것저것 많이 배워. 자유 선택, 부전공, 그리고 필수 전공 과목을 모두 합쳐서 19학점이야.

มินแจ   เรียนหนักเหมือนกันนะ เรียนภาษาเกาหลีเป็นไงบ้าง ดีขึ้นแล้วหรือ

민재   역시 많이 배우네. 한국어 공부는 어떠니? 좋아졌니?

สุดา   ก็ยังงั้น ๆ รู้สึกเรียนภาษาเกาหลียากนะ ไม่เหมือนภาษาไทย

쑤다   그저 그래. 한국어 배우기가 어렵네. 태국어와 같지 않아서.

มินแจ   เหรอ ผมว่าภาษาไทยยากกว่าภาษาเกาหลี

민재   그래? 난 태국어가 한국어보다 어렵다고 생각하는데.

สุดา แหม แน่นอนสินะ ภาษาเกาหลีเป็นภาษาแม่ของมินแจไง

쑤다 아이고! 당연하지. 한국어는 민재의 모국어잖아.

มินแจ คิดว่าภาษาไทยเป็นภาษาที่มีเสียงสูงต่ำและมีตัวอักษรมากด้วย ทำให้จำยาก

민재 태국어는 발음이 높고 낮은 언어이고, 문자도 많아 외우는 데 힘들어.

สุดา ใช่แล้วค่ะ ฉันก็เห็นด้วย ถ้ามินแจใช้ความพยายามให้มากสักหน่อย พยายามพูดกับคนไทยบ่อย ๆ ในไม่ช้าก็จะพูดได้คล่องนะคะ

쑤다 맞아. 나도 동감해. 민재가 좀 더 노력하고 태국인과 자주 대화하도록 노력하면 머지 않아 유창하게 말할 수 있을 거야.

มินแจ ขอบคุณครับ สุดาก็เหมือนกัน เมื่อมีเวลาว่างก็พยายามเขียนหรืออ่านให้มากที่สุดเท่าที่จะทำได้นะครับ หรือถ้าได้คบหาสมาคมกับคนเกาหลีบ่อย ๆ ก็ยิ่งดี

민재 고마워. 쑤다도 마찬가지야. 시간 있을 때 가능한 한 많이 읽고 쓰기를 노력해. 혹은 한국인과 자주 사귀면 더욱 좋고.

สุดา เลิกเรียนแล้วมินแจจะไปไหนต่อ

쑤다 수업이 끝나면 어디 갈 거야?

มินแจ จะไปใช้อินเทอร์เน็ตที่ห้องคอมพิวเตอร์ ไปด้วยกันไหมล่ะ

민재 컴퓨터실에 가서 인터넷 사용할 거야. 함께 갈래?

สุดา ก็ดีเหมือนกัน ฉันจะเปิดอีเมล์สักหน่อย

쑤다 좋지. 난 이메일 좀 열어볼게.

단어 학습

<table>
<tr><td>

เข้าเรียน 수업에 들어가다 ▌ **ลงทะเบียน** 등기하다, 등록하다 ▌ **หน่วยกิต** 학점 ▌ **มากมาย** 많다, 많이, 매우
รวม 합하다, 함께하다, 결집하다, 집중하다 ▌ **วิชาเลือก** 선택과목 ▌ **เสรี** 자유롭다, 자주적이다 ▌ **วิชาโท** 부전공 과목
วิชาเอก 전공과목 ▌ **บังคับ** 강제하다, 지휘하다, 관리하다 ▌ **ทั้งหมด** 모두, 전부 ▌ **หนัก** 무겁다, 격렬하다, 심하다
แหม (의아하고 이상함을 나타내는 감탄사) 어머! 정말! ▌ **แน่นอน** 확실히, 필히, 당연히 ▌ **ภาษาแม่** 모국어
ตัวอักษร 자음과 모음, 자모(子母) ▌ **จำ** 기억하다 ▌ **เห็นด้วย** 동의하다 ▌ **คล่องะ** 유창하다, 술술, 척척
สมาคม 교제하다, 사귀다, 협회, 단체 ▌ **เลิก** 끊다, 그만두다, 취소하다, 끝나다, 마치다

</td></tr>
</table>

핵심 포인트

01 ติด ๆ กัน 연달아, 연쇄적으로

เมื่อวานนี้ผมได้รับอีเมล์ติด ๆ กัน 3 ฉบับ
어제 난 이메일을 연달아서 세 통 받았다.

เขายิงปืน 5 นัดติด ๆ กันแต่จับนกไม่ได้สักตัวเดียว
그는 총을 잇달아 다섯 발 쏘았으나 새 한 마리 잡지 못했다.

02 อะไรต่ออะไร, อะไรต่อมิอะไร 이것 저것

เขาซื้ออะไรต่ออะไรมากมายหลายอย่าง
그는 이것 저것 물건을 많이 샀다.

เธอพูดอะไรต่อมิอะไรยืดยาว
그녀는 이것 저것 장황하게 말을 한다.

03 ทั้งหมด 전부, 모두

คนที่อยู่ในห้องเรียนนี้เป็นชาวเกาหลีทั้งหมด
이 교실에 있는 사람 모두는 한국인이다.

ของเหล่านี้เป็นของเสียทั้งหมด
이 물건들은 전부 상했다.

04 (อย่าง)แน่นอน 확실히, 분명히

ทำงานเคร่งเครียดเช่นนั้นคงจะเหน็ดเหนื่อยอย่างแน่นอน
그처럼 진지하게 일을 했으니 아마도 틀림없이 피곤할 거야.

ผมจะคืนเงินให้ภายในพรุ่งนี้อย่างแน่นอน
내가 내일 내로 분명히 돈을 갚을게요.

ทำให้, ให้   ···하도록 하다, ···하도록 시키다

อุบัติเหตุครั้งนี้ทำให้คนเสียชีวิตถึง 50 คน
이번 사고로 50명의 사람이 죽었다.

ครูให้นักเรียนศึกษาและทำรายงานเกี่ยวกับโบราณสถาน
선생님은 학생들에게 고대 유적지에 관해 연구하고 리포트를 제출하도록 시켰다.

ในไม่ช้า   머지않아, 곧

ถ้าเราไม่รักษาธรรมชาติภูเขาและป่าก็จะถูกทำลายไปโดยมนุษย์ในไม่ช้า
만약 우리가 자연을 보호하지 않는다면 산과 숲은 머지않아 인간에 의해 파괴당할 것이다.

ในไม่ช้าชีวิตของมนุษย์ส่วนใหญ่จะถูกครอบครองโดยคอมพิวเตอร์
머지않아 인간의 삶 대부분은 컴퓨터에 의해 지배될 것이다.

ที่สุด   가장, 최고의

เธอเป็นคนดีที่สุดเท่าที่ผมเห็นผู้หญิงมา
그녀는 내가 보아 온 여자 중에서 최고로 좋은 사람이다.

ประธานาธิบดีมีอำนาจมากที่สุด.
대통령은 가장 많은 권력을 가지고 있다.

연습문제

다음 문장을 태국어로 바꾸어 쓰시오.

01 사흘 간 연속해서 회의가 있다.

____

02 이것 저것 여러 가지 생각했더니 머리가 아프다.

____

03 그 교수의 방에는 모두 외국 서적들만이 있다.

____

04 지금부터 컴퓨터의 시대가 될 거라는 것은 분명한 사실이다.

____

05 사장님은 계속해서 생산량을 증가시키도록 지시했다.

____

06 그는 머지않아 태국인과 결혼할 것이다.

____

07 프라깨우 사원은 방콕에서 가장 크고 가장 오래된 사원이다.

____

เรียนอยู่มหาวิทยาลัยไหนครับ	어느 학교 다녀요?
ดิฉันกำลังเรียนอยู่ที่มหาวิทยาลัยฮันกุ๊กภาษาและกิจการต่างประเทศค่ะ	저는 한국외국어대학교에 다니고 있어요.
เรียนปีไหนครับ	몇 학년이에요?
ปี 1 ค่ะ	1학년입니다.
วิชาเอกอะไรครับ	전공이 뭐예요?
กำลังเรียนวิชาการบริหารธุรกิจอยู่ค่ะ	경영학을 배우고 있어요.
มหาวิทยาลัยอยู่ที่ไหนเหรอครับ	학교는 어디에 있어요?
จบจากมหาวิทยาลัยไหนเหรอคะ	어느 학교를 졸업했어요?
จะสมัครมหาวิทยาลัยไหนเหรอครับ	어느 대학에 지원할 거예요?
พวกเราจบจากสถาบันเดียวกันนะครับ	우리는 동문이네요.
เป็นรุ่นน้องของคุณจิระศักดิ์ค่ะ	찌라싹 씨의 학교 후배예요.
ลาออกจากโรงเรียนแล้วครับ	학교를 중퇴했어요.
ถูกไล่ออกจากโรงเรียนค่ะ	퇴학당했어요.
กำลังพักการเรียนชั่วคราวครับ	잠시 휴학 중이에요.
อยากทราบข้อมูลเกี่ยวกับมหาวิทยาลัยนี้นะคะ	이 대학교에 관한 정보를 알고 싶어요.
นี่ครับ เป็นคู่มือแนะนำการรับสมัครของที่นี่ครับ	여기 모집 요강 안내 책자가 있습니다.
หมดเขตวันสมัครเมื่อไหร่คะ	지원 마감일은 언제예요?
เอกสารที่จำเป็นสำหรับการสมัครเรียนมีอะไรบ้างครับ	입학에 필요한 서류가 뭐예요?
ดูที่คู่มือค่ะ รายละเอียดแจ้งไว้หมดแล้วค่ะ	안내 책자에 다 나와 있습니다.
ใช้เวลานานเท่าไหร่กว่าจะได้ใบอนุมัติการรับเข้าศึกษาครับ	입학 허가서를 받는 데 얼마나 걸려요?
ใช้เวลาประมาณสามเดือนค่ะ	3개월 정도 걸립니다.
งั้นเหรอครับ ขอบคุณครับที่ให้ข้อมูล	그렇군요. 알려 주셔서 감사합니다.

กรุณาอธิบายคุณสมบัติของผู้สมัครอย่างละเอียดค่ะ	지원 자격에 대해서 상세히 설명해 주세요.
สามารถเข้าเรียนเทอมหน้าได้ไหมครับ	다음 학기에 입학할 수 있을까요?
สอบรับนักศึกษาเมื่อไหร่คะ	대학 입학 시험이 언제예요?
งานแนะนำการศึกษามีเมื่อไหร่เหรอครับ	진학 설명회가 언제예요?
วันประกาศเมื่อไหร่เหรอคะ	발표 일이 언제예요?
สมุดรายงานเกรดมัธยมปลายจำเป็นไหมครับ	고교 내신 성적이 필요해요?
คะแนนสอบภาษาอังกฤษจำเป็นไหมคะ	영어 시험 점수가 필요해요?
มีระบบการสอบจบไหมครับ	졸업 시험 제도가 있어요?
มีหอพักนักศึกษาไหมคะ	기숙사가 있어요?
ค่าสมัครสอบเท่าไหร่เหรอครับ	전형료가 얼마예요?
ช่วยแจ้งเงื่อนไขการให้ทุนการศึกษาหน่อยค่ะ	장학생 조건을 알려 주세요.
มีการสอบคัดเลือกพิเศษสำหรับชาวต่างชาติไหมครับ	외국인 특별 전형 제도가 있어요?
กรุณาช่วยแนะนำอาจารย์ที่ปรึกษาของนักศึกษาต่างชาติหน่อยค่ะ	유학생 상담 교사를 소개해 주세요.
กรุณาออกใบอนุมัติการรับเข้าศึกษาให้หน่อยครับ	입학 허가서를 발급해 주세요.
รายงานตัววันสุดท้ายเมื่อไหร่คะ	입학 등록 마감일이 언제예요?
เทอมหน้าจะลงทะเบียนเรียนวิชาการบริหารธุรกิจเหรอครับ	다음 학기에 경영학 수강 신청할 거예요?
อืม ยังคิดอยู่นะคะ มันเป็นวิชาบังคับใช่ไหม	글쎄, 아직 생각 중이에요. 그게 필수 과목이죠?
ไม่ครับ เทอมหน้าผมตั้งใจจะเปลี่ยนวิชาเรียนตัวหนึ่งครับ	아니요. 저는 다음 학기에는 수강 과목 하나를 바꾸려고 해요.
คิดว่ายังไงเหรอคะ	어떻게 할 생각이에요?
ว่าจะลงวิชาสนทนาภาษาอังกฤษแทนวิชาสถิตินะครับ	통계 과목 대신에 영어 회화를 수강하려고 해요.
ก็ใช้ได้นะคะ	괜찮네요.
เทอมนี้ลงทะเบียนเรียนไปกี่วิชาครับ	이번 학기에 몇 과목이나 수강해요?

ลงไปห้าวิชาค่ะ	다섯 과목 해요.
ลงเรียนวิชาเลือกไปกี่วิชาครับ	교양 과목은 몇 과목 들어요?
วิชานั้นหมดเขตแล้วค่ะ	그 과목은 마감되었어요.
วิชานี้จำเป็นต้องได้รับการยินยอมจากอาจารย์ที่ปรึกษาด้วยครับ	이 과목은 지도 교수의 승인이 필요해요.
วิชานี้คนนิยมเรียนเยอะ ดังนั้นจึงต้องรีบ ๆ ลงทะเบียนค่ะ	그 수업은 인기가 좋아서 빨리 신청해야 해요.
ได้ยินเขาคุยกันว่าอาจารย์ท่านนี้ให้เกรดหินมากครับ	그 교수님은 점수가 짜다는 이야기가 있어요.
ตอนนี้สามารถลงทะเบียนเรียนได้ไหมคะ	지금도 수강 신청할 수 있어요?
จำเป็นต้องมีหน่วยกิตอีกหากต้องการจะจบครับ	졸업을 하려면 학점이 더 필요해요.
หากอยากเรียนวิชานี้จำเป็นต้องเรียนวิชาพื้นฐานก่อนไหมคะ	그 수업 들으려면 선수 과목을 들어야 해요?
จะ จะเช็คชื่อคนเข้าเรียนละนะครับ คิม ยองฮี	자, 출석을 부르겠어요. 김영희.
ค่ะ อยู่นี่ค่ะ	네, 여기 있어요.
คราวก่อนเรียนถึงไหนแล้วนะ	지난 번에 어디까지 했었죠?
ถึงหน้ายี่สิบสี่ค่ะ	24쪽까지 했어요.
งั้นเปิดหนังสือครับ	그럼 책을 펴세요.
อาจารย์คะ มีข้อเสนอค่ะ	선생님, 건의가 있어요.
ช่วยอธิบายตรงนั้นอีกทีได้ไหมครับ	그 부분을 다시 설명해 주세요.
ไม่ทราบค่ะ ช่วยอธิบายให้ง่าย ๆ อีกหน่อยค่ะ	잘 모르겠어요. 좀 더 쉽게 말씀해 주세요.
วันนี้ไม่มีเรียนครับ	오늘은 수업이 없어요.
ไม่ได้เอาหนังสือเรียนมาค่ะ	교재를 안 가져왔어요.
เข้าเรียนสายแล้ว ทำไงดีครับ	수업에 늦으면 어떻게 하죠?
อย่าคุยไร้สาระขณะกำลังเรียนค่ะ	수업 중에 잡담하지 마세요.
อย่าง่วงขณะเรียนครับ	강의 중에 졸지 마세요.
วันนี้คุณธรรมกิตติ์ไม่มาค่ะ	탐마낏 씨는 오늘 안 왔어요.
ช่วยเช็คชื่อแทนผมหน่อยซิครับ	대리 출석 좀 해 주세요.

พรุ่งนี้มีเรียนชดเชยนะคะ	보충 수업은 내일 하겠어요.
การบ้านนี้จะส่งได้ถึงเมื่อไหร่ครับ	이 과제는 언제까지 제출해야 해요?
ส่งได้ถึงวันศุกร์นี้ค่ะ	이번 주 금요일까지 제출하세요.
ต้องทำจำนวนเท่าไหร่ครับ	분량은 어느 정도로 해야 해요?
ทำมาประมาณห้าแผ่นนะคะ	다섯 쪽 정도로 하세요.
สอบกลางภาคให้สรุปเป็นรายงานมาส่งนะครับ	중간고사는 보고서로 대체하겠습니다.
ต้องแนบเอกสารการค้นคว้าด้วยเหรอคะ	조사 자료를 반드시 첨부해야 해요?
ทำการบ้านเสร็จหมดแล้วเหรอครับ	숙제는 다 했어요?
อาจารย์ต้องทราบแน่เลยว่ารายงานชิ้นนี้ไปลอกเขามาค่ะ	선생님께서 이 보고서는 베꼈다는 걸 아실 거예요.
วิชานี้สอบกลางภาคเมื่อไหร่เหรอครับ	그 과목은 중간고사를 언제 봐요?
หัวข้อการสอบมีอะไรบ้างเหรอคะ	시험 범위는 어디예요?
เห็นบอกว่าในหนังสือออกหมดเลยครับ	교재 전부래요.
สอบคราวนี้ยากแน่เลยค่ะ	이번 시험은 어렵겠어요.
ว่าจะไม่นอนแล้วจะต้องเตรียมตัวสักหน่อยครับ	준비하려면 밤새워야 할 거예요.
เตรียมสอบมาดีไหมคะ	시험 공부 많이 했어요?
ช่วงนี้ยุ่งกับการเตรียมสอบมากครับ	지금 시험 준비로 바빠요.
พรุ่งนี้ต้องสอบใหม่ค่ะ	내일 재시험을 봐야 해요.
ตั้งแต่สัปดาห์หน้ามีสอบปลายภาคครับ	다음 주부터 기말시험이에요.
บอกว่าส่วนใหญ่จะออกตามเอกสารที่ให้นะคะ	프린트물 위주로 나올 거래요.
มีแนวข้อสอบไหมครับ	시험문제 경향이 있어요?
สามารถหาข้อสอบที่ออกปีที่แล้วได้ไหมคะ	작년 기출문제를 구할 수 있을까요?
มีข้อสอบเขียนไหมครับ	쪽지 시험이 있어요?
สอบคราวนี้เป็นสอบปากเปล่าค่ะ	이번 시험은 구술시험입니다.
สอบปลายภาคคราวนี้ เก็บคะแนนกว่าห้าสิบเปอร์เซ็นต์ของคะแนนทั้งหมดครับ	이 기말고사는 총 성적의 오십 퍼센트를 차지할 거예요.
สอบคราวนี้เหรอครับ ก็งั้น ๆ แหละ	이번 시험은 그럭저럭 봤어요.
ข้อสอบที่เก็งไว้ออกเยอะไหมคะ	예상이 적중한 문제가 많아요?

อืม แต่เหมือนว่าข้อ 4 จะผิดครับ	네, 하지만 4번 문제는 틀린 것 같아요.
สอบเสร็จแล้วรู้สึกโล่งอกมากมายค่ะ	시험이 끝나서 마음이 홀가분해요.
คำถามนี้ คำตอบคือข้อ 3 ใช่ไหมครับ	그 문제는 3번이 답이죠?
ผลสอบจะออกเมื่อไหร่เหรอคะ	시험 결과는 언제 나와요?
จิ้มหาคำตอบมั่ว ๆ ครับ	되는 대로 답을 찍었어요.
เหมือนว่าเขียนส่ง ๆ ไปงั้นแหละค่ะ	답이 하나씩 밀린 것 같아요.
เวลาไม่พอครับ	시간이 모자랐어요.
สอบไม่ได้ค่ะ	시험을 잘 못 봤어요.
อาจารย์ครับ ผมมีเรื่องอยากพูดกับอาจารย์ครับ	선생님, 드릴 말씀이 있습니다.
ค่ะ พูดมา	네, 말하세요.
เทอมนี้เกรดของผมเป็นไงบ้างครับ	저의 이번 학기 학점이 어떻게 됩니까?
ได้บีบวกค่ะ	B+입니다.
ครับ เกณฑ์การให้คะแนนคืออะไรครับ	네, 평가 기준이 뭡니까?
เป็นการให้คะแนนงานที่คุณชอลซูส่งกับคะแนนสอบค่ะ	철수 씨가 낸 과제 평가와 시험 성적입니다.
เกรดออกแล้วครับ	성적이 발표되었어요.
อยากเช็คเกรดค่ะ	성적을 확인하고 싶어요.
มีเรื่องที่อยากพูดเกี่ยวกับเกรดของผมครับ	제 학점에 대해서 드릴 말씀이 있어요.
ผมออกจะขยันเรียน น่าจะได้เกรดสวย ๆ ไม่ใช่เหรอครับ	전 열심히 했으니까 좋은 성적을 받아야 하지 않겠어요?
ผมขยันเรียนแล้วนะครับ แต่ถ้าหากต้องการเกรดที่ดีกว่านี้ต้องทำยังไงครับ	저는 열심히 했는데 더 좋은 성적을 받으려면 어떻게 해야 해요?
เกรดที่ดิฉันเรียนกำลังไปได้สวยเลยค่ะ	제 학교 성적은 좋아지고 있어요.
ได้ A หมดเลยครับ	모두 A학점이에요.
ได้ที่หนึ่งของห้องค่ะ	반에서 1등이에요.
สอบกลางภาคคราวนี้ล้มเหลวมากครับ	이번 중간고사를 망쳤어요.
รั้งท้ายกว่าเพื่อน ๆ คนอื่นในห้องค่ะ	동기들보다 뒤처졌어요.

เทอมนี้จะได้ทุนการศึกษาไหมนะครับ	이번 학기에 장학금을 탈 수 있어요?
ระยะเวลายื่นใบสมัครทุนการศึกษามีไปถึงเมื่อไหร่คะ	장학금 신청서 제출 기간이 언제까지예요?
ประเมินอิงกลุ่มหรือประเมินอิงเกณฑ์ครับ	상대 평가예요? 절대 평가예요?
คราวนี้อยากได้คะแนนดี ๆ ค่ะ	이번에는 좋은 점수를 받고 싶어요.
ต้องการใบรายงานเกรดค่ะ	성적 증명서가 필요해요.
ช่วงนี้ใช้ชีวิตนักศึกษาเป็นไงบ้างครับ	요즘 학교생활은 어때요?
กำลังเริ่มชินขึ้นบ้างแล้วค่ะ	조금씩 익숙해지고 있어요.
ไม่เบื่อเรียนบ้างเหรอครับ	수업은 지루하지 않아요?
ไม่เลย สนุกดีค่ะ	아니요. 재미있어요.
อาจารย์สอนดีไหมครับ	교수님께서는 잘 가르치세요?
ค่ะ ตั้งใจดีค่ะ	네, 열정적이세요.
มีวิชาที่ยาก ๆ ไหมครับ	어려운 수업이 있어요?
คณิตศาสตร์ยากค่ะ	수학이 어려워요.
การบ้านเยอะมากครับ	숙제가 너무 많아요.
ต้องการเรียนเสริมค่ะ	과외 수업이 필요해요.
นอกจากเรียนในห้องเรียนแล้วก็ไปเรียนสถาบันกวดวิชาครับ	방과 후에는 학원에 다녀요.
อยากได้เพื่อนค่ะ	친구들을 사귀고 싶어요.
กำลังเป็นอาสาสมัครครับ	봉사 활동을 하고 있어요.
มีอะไรให้ช่วยไหมคะ	무엇을 도와드릴까요?
กำลังหาหนังสือเกี่ยวกับสังคมและวัฒนธรรมไทยครับ	태국의 사회 · 문화에 관한 책을 찾고 있어요.
ช่วยเช็คให้หน่อยว่าหนังสือนี้มีหรือไม่มีค่ะ	이 책이 있는지 확인해 주세요.
สักครู่นะครับ หนังสือนั้นมีอยู่ที่ห้องอ่านหนังสือชั้น 2 นะครับ	잠시만요. 그 책은 2층 열람실에 있어요.
ช่วยบอกชื่อผู้ประพันธ์ด้วยค่ะ	저자의 이름을 말씀해 주세요.
หนังสือสารคดีอยู่มุมไหนเหรอครับ	비소설은 어느 코너에 있어요?

บรรณารักษ์อยู่มุมไหนคะ	사서는 어디에 있어요?
ขอโทษครับ ตอนนี้ไม่มีหนังสือที่สามารถยืมได้ครับ	죄송해요. 현재 대출 가능한 책이 없어요.
อยากยืมหนังสือนี้ค่ะ	이 책을 빌리고 싶어요.
มีบัตรสมาชิกห้องสมุดไหมครับ	도서관 회원 카드가 있습니까?
เรียบร้อยแล้วค่ะ คืนก่อนวันที่ 11 เมษายนนะคะ	다 됐습니다. 반납일은 4월 11일까지입니다.
อยากใช้บริการยืมหนังสือห้องสมุดครับ	도서관 대출 서비스를 이용하고 싶습니다.
จำเป็นต้องมีบัตรสมาชิกไหมคะ หากต้องการยืมหนังสือ	책을 빌리려면 회원 카드가 필요해요?
ไม่มีบัตรสมาชิกห้องสมุด อยากทำบัตรครับ	도서관 회원 카드가 없어요. 만들고 싶어요.
สามารถยืมหนังสือได้กี่เล่มต่อครั้งคะ	한 번에 몇 권 빌릴 수 있어요?
ช่วงเวลาให้ยืมกี่วันครับ	대출 기간은 며칠이에요?
ต้องคืนหนังสือเมื่อไหร่คะ	책은 언제까지 반납해야 해요?
ถ้าคืนเกินกำหนดมีค่าปรับไหมครับ	늦으면 벌금이 있어요?
กำหนดคืนวันที่ 15 นะคะ แต่ว่าอยากขอเลื่อนกำหนดอีกซักครั้งได้ไหมคะ	반납일이 15일인데, 한 번 더 연장할 수 있어요?
อยากจองการยืมครับ	대출 예약을 하고 싶어요.

10 การถามเรื่องกิจวัตรประจำวัน

회화

มินแจ **ปกติ คุณตื่นกี่โมงครับ**

민재 보통 당신은 몇 시에 일어나요?

สุดา **ฉันมักจะตื่นตอนหกโมงเช้าทุกวันค่ะ**

쑤다 전 대개 매일 아침 6시에 일어나요.

มินแจ **หลังจากตื่นนอนแล้ว คุณทำอะไรบ้างครับ**

민재 잠에서 일어난 후 무얼 하죠?

สุดา **ตื่นนอนแล้ว ฉันก็ล้างหน้า แปรงฟัน อาบน้ำ แล้วก็แต่งตัว**

쑤다 잠에서 일어나 세수하고 양치질하고 샤워한 다음 옷 치장을 합니다.

มินแจ **คุณรับประทานอาหารเช้าที่บ้านไหมครับ**

민재 아침은 집에서 드십니까?

สุดา **ที่ไหนได้ ฉันไม่ค่อยมีเวลารับประทานอาหารเช้าที่บ้าน ส่วนใหญ่ไปทาน
ที่มหาวิทยาลัยค่ะ
ปกติฉันไม่ค่อยทานอาหารเช้าค่ะ อย่างดีก็ดื่มกาแฟแก้วหนึ่ง**

쑤다 웬 걸요? 전 집에서 밥 먹을 시간이 없어요. 대부분 학교에 가서 먹어요.
보통은 아침은 그다지 먹지 않습니다. 커피 한잔 마시면 좋아요.

มินแจ   **ถ้ามีโอกาสทานอาหารเช้า   คุณชอบทานอะไรครับ**

민재   만약 아침 식사할 기회가 있다면 무얼 드시는 것을 좋아하죠?

สุดา   **บางวันก็ทานข้าวต้ม บางวันก็ทานกาแฟ นมสด ไข่ดาว แล้วก็ขนมปัง**

쑤다   어떤 날은 죽을 먹고, 어떤 날은 커피, 우유, 계란 후라이, 그리고 빵을 먹습니다.

มินแจ   **นอกจากเข้าห้องเรียนแล้ว   คุณทำอะไรที่มหาวิทยาลัยบ้างครับ**

민재   수업에 들어가는 것 외에 학교에서 무얼 하죠?

สุดา   **นอกจากไปเรียนแล้ว   ฉันมักจะไปห้องสมุด   หรือไม่ก็ไปเล่นอินเทอร์เน็ต ค่ะ**

쑤다   수업 가는 것 외에 전 대개 도서관에 가거나, 그렇지 않으면 인터넷 하러 갑니다.

มินแจ   **แล้วคุณกลับบ้านกี่โมงครับ**

민재   그럼 집에는 몇 시에 귀가합니까?

สุดา   **แต่ละวันไม่เหมือนกันค่ะ**

쑤다   매일매일 달라요.

 단어 학습

กิจวัตร 일상 업무, 일과 ▮ ประจำวัน 매일의, 일상의 ▮ ล้าง 씻다, 세척하다, 일소하다, 파괴하다, 박멸하다
หน้า 얼굴, 계절, 페이지, …앞 ▮ แปรงฟัน 이를 닦다, 칫솔질하다 ▮ แต่งตัว 단장하다, 치장하다, 옷을 입다
บาง 어떠한, 어떤, 일부, 얇다, 옅다, 적다, 희소하다 ▮ ข้าวต้ม 죽 ▮ นมสด 신선한 우유 ▮ ไข่ดาว 계란 후라이
ขนมปัง 빵, 비스켓 ▮ เล่น 놀다, 장난치다, 운동하다, 도박하다, 연기하다, (악기) 연주하다
แต่ละ 각각의, 각기, 개개의, 각, 매…, …마다

01 **ปกติ, โดยปกติ, ตามธรรมดา** 보통, 평상시

ปกติเขาตื่นนอนเวลา ๖ โมงเช้าแล้วก็ไปทำงาน
> 보통 그는 아침 6시에 일어나고, 그리고 학교에 간다.

ปกติดิฉันไม่ชอบทานขนมปัง
> 보통 나는 빵 먹는 것을 좋아하지 않는다.

02 **ที่ไหนได้** 웬걸

เรานึกว่าเขาเป็นนักการเมืองแต่ที่ไหนได้เขาเป็นนายหน้า
> 우리는 그가 정치가인 줄 알았더니 웬걸 브로커였다.

เกรงว่าเด็กจะตื่นก็เลยค่อย ๆ เดินไปดูแต่ที่ไหนได้เด็กตื่นและเล่นอยู่ก่อนแล้ว
> 어린 아이가 깰까 봐 가만히 가 보았더니 웬걸 이미 깨어서 놀고 있었다.

03 **ไม่ค่อย, ไม่ค่อย...นัก(เท่าไร)** 그다지 …하지 않다

ดิฉันไม่ค่อยหิวเท่าไร
> 난 그다지 배가 고프지 않다.

ที่บ้านผมไม่ค่อยมีแขกมาหา.
> 내 집에는 그다지 손님이 찾아 오지 않는다.

04 **บาง** 어떤, 어느, 일부

บางคนก็บอกว่าเขาดีแต่ส่วนมากไม่ชอบเขา
> 어떤 사람은 그가 착하기는 하지만 대부분 그를 좋아하지 않는다고 말한다.

แม้จะเป็นพี่น้องท้องเดียวกันบางคนก็ดีบางคนก็ชั่ว
> 비록 같은 부모에게서 태어났어도 어떤 사람은 착하고 어떤 사람은 불량하다.

05

นอกจาก   ···이외에, ···외에도

นอกจากเรียนหนังสือแล้วเธอไม่เข้าร่วมกิจกรรมอื่น ๆ
그녀는 공부하는 것 외에 다른 활동에 참여하지 않는다.

ไม่มีใครสามารถจะทำงานนั้นได้นอกจากเขา
그 외에 그 일을 할 수 있는 사람은 없다.

หรือไม่ก็(ตาม)   혹은, 그렇지 않으면

ประเทศมหาอำนาจจะเห็นชอบด้วยหรือไม่ก็ตามเราต้องรวมประเทศให้สำเร็จ
강대국이 동의하든 안 하든 우리는 통일을 성공시켜야 한다.

ข่าวนั้นเป็นความจริงหรือไม่ก็ตามไม่เกี่ยวกับผมทั้งนั้นเลย
그 소식이 사실이든 아니든 전부 나와는 상관없다.

연습문제

다음 문장을 태국어로 바꾸어 쓰시오.

01 겨울이 되면 보통 기온이 5도 이하로 내려간다.

02 태국은 물가가 싼 줄 알았는데 웬걸 어떤 것은 한국보다 오히려 더 비싸다.

03 보통 나는 육류를 그다지 좋아하지 않는다.

04 태국에 까리양족의 일부는 미얀마에서, 일부는 중국 남부에서 태국으로 들어왔다.

05 당신은 태국어 외에 어떤 외국어를 할 수 있나요?

06 그는 계속 공부를 해야 할지 취직을 해야 할지 아직 결정하지 못했다.

ปกติตื่นกี่โมงครับ	보통 몇 시에 일어나요?
ตื่นเจ็ดโมงเช้าค่ะ	아침 일곱 시에 일어나요.
ตื่นเร็วเหมือนกันนี่ครับ แล้วปกติเข้านอนตอนกี่โมงครับ	일찍 일어나네요. 보통 몇 시에 잠자리에 들어요?
นอนตอนตีสองค่ะ	밤 두 시에 잠들어요.
นอนดึกนะครับ	늦게 자는군요.
ดิฉันจะอาบน้ำก่อนเข้านอนเสมอค่ะ	잠들기 전에 항상 샤워해요.
คุณดูเหนื่อยจังครับ	피곤해 보여요.
วันนี้ดูหน้าตาไม่ดีเลยค่ะ	오늘 얼굴이 안 좋아 보여요.
เมื่อคืนนอนดึกเหรอครับ	어제 늦게 잤어요?
ดิฉันนอนค่อนข้างเร็วค่ะ	전 일찍 자는 편이에요.
ผมมักอ่านหนังสือก่อนนอนครับ	잠자기 전에 책을 읽어요.
วันนี้ตื่นนอนเร็วเลยรู้สึกเพลีย ๆ นะคะ	오늘 너무 일찍 일어나서 피곤해요.
เมื่อวานไม่ได้นอนครับ	어제 잠을 못 잤어요.
เมื่อคืนทำหาร บ้านโต้รุ่งถึงเช้าเลยค่ะ	어제 밤을 새워 숙제를 했어요.
ทานอาหารเช้าหรือครับ	아침 식사는 하세요?
ฉันไม่ค่อยทานข้าวเช้านะคะ	아침 식사는 거르는 편이에요.
ปกติทานอาหารกลางวันที่ไหนครับ	보통 점심은 어디서 먹어요?
กินที่ร้านอาหารใกล้ ๆ ตรงนี้ค่ะ	근처 식당에서 먹어요.
ทานอาหารเย็นตอนไหนครับ	저녁 식사는 언제 하세요?
ตอนเช้าดิฉันต้องดื่มกาแฟค่ะ	아침에는 반드시 커피를 마셔야 해요.
ไม่ทานข้าวบ่อย ๆ ครับ	끼니를 거를 때가 잦아요.
ปกติทานตอนหนึ่งทุ่มค่ะ	보통 오후 일곱 시쯤 먹어요.

การนัดหมาย

회화

มินแจ **คุณรู้จักอาจารย์คิมไหมครับ**

민재 당신 김 교수님 아세요?

สุดา **รู้จักค่ะ วันหนึ่งฉันเคยพบท่านที่เมืองไทย
ตอนนั้นท่านมาร่วมสัมมนานานาชาติ**

쑤다 알아요. 언젠가 저는 그분을 태국에서 만난 적이 있어요.
그 때 그분은 국제세미나에 참가하러 오셨죠.

มินแจ **เหรอครับ ผมนัดพบกับท่านเย็นพรุ่งนี้
ไม่ทราบว่าสุดาจะทำอะไรพรุ่งนี้**

민재 그래요? 전 내일 저녁 그분과 만나기로 약속했어요.
쑤다는 내일 뭐할 거에요?

สุดา **ยังไม่มีอะไรพิเศษ**

쑤다 아직 특별한 계획은 없어요.

มินแจ **งั้นทานข้าวด้วยกันไหมล่ะ**

민재 그럼, 함께 식사하실래요?

สุดา **ก็ดี ที่ไหนล่ะ**

쑤다 좋아요. 어디죠?

มินแจ คิดมาตั้งแต่ไหนแต่ไรว่าจะเชิญไปทานที่บ้าน
อยากให้อาจารย์ได้ดูความเป็นอยู่ของผมด้วย

민재 오래 전부터 집으로 식사를 초대할까 생각했어요.
교수님에게 저의 사는 모습을 보여주고 싶어요.

สุดา ไม่เลวค่ะ ยินดีที่จะไปร่วมด้วย พูดตรง ๆ ฉันก็อยากจะไปเยี่ยมบ้าน
มินแจค่ะ แล้วฉันจะไปที่บ้านมินแจเองนะคะ พบกันพรุ่งนี้ค่ะ

쑤다 훌륭한데요. 기꺼이 참석할게요. 솔직히 말해서 저도 민재 집을 방문하고 싶었어요.
그러면 제가 직접 집으로 가기로 하지요. 내일 만나요.

단어 학습

핵심 포인트 

01 สักวันหนึ่ง 언젠가

เมื่อทำงานด้วยความพากเพียรแล้วสักวันหนึ่งเราจะอยู่ดีกินดีไม่แพ้คนอื่น
> 열심히 일을 하면 언젠가 우리는 다른 사람 못지 않게 잘 먹고 잘 살 거야.

สักวันหนึ่งดิฉันก็จะได้เป็นคนรวย
> 언젠가 난 부자가 될 거야.

02 ตั้ง(มา)แต่ไหนแต่ไร, แต่ไหนแต่ไร 벌써부터, 오래 전부터

ผมเป็นเพื่อนสนิทกับเขาแต่ไหนแต่ไรมาแล้ว
> 오래 전부터 나는 그와 절친한 친구 사이였다.

คำพูดนั้นนิยมใช้กันในหมู่นักศึกษาแต่ไหนแต่ไรมาแล้ว
> 그 말은 오래 전부터 학생들 사이에서 유행되었다.

03 ไม่เลว 나쁘지 않다, 꽤 좋다

ภาพนี้ไม่เลวใครเป็นคนวาด
> 이 그림은 누가 그렸는지 나쁘지 않은데.

รสชาติอาหารร้านนี้ไม่เลวแต่ไม่ทราบว่าราคาเป็นอย่างไร
> 이 식당의 맛은 나쁘지 않은데 가격은 어떤지 모르겠다.

04 ยินดี 기쁘다, 기꺼이 …하다

ผมยินดีที่จะช่วยเหลือคุณ
> 난 기꺼이 당신을 돕겠다.

บริษัทนั้นยินดีที่จะรับสินค้าบริษัทของท่าน
> 그 회사는 기꺼이 귀사의 상품을 받을 것입니다.

พูดตรงไปตรงมา
단도직입적으로 말하세요.

คนนี้ทำงานอย่างตรงไปตรงมา
이 사람은 공정하게 일을 한다.

연습문제

다음 문장을 태국어로 바꾸어 쓰시오.

01 언젠가는 나도 태국에 방문할 기회가 있을 것이다.

02 그는 오래 전부터 치앙마이에 살고 있었다.

03 이 바나나 맛은 꽤 좋은데 어디서 샀어요?

04 전 당신이 한국을 방문해 주셔서 매우 기쁘게 생각합니다.

05 솔직히 말해서 나는 당신을 더 이상 도와 줄 수 없습니다.

ไม่ทราบว่ามีเวลาไหมครับ	혹시 시간 있으세요?
มีเวลาหลังจากเจ็ดโมงค่ะ	일곱 시 이후에 시간이 있어요.
ถ้างั้น จะไปหาเวลาเจ็ดโมงนะครับ	그럼, 일곱 시에 찾아 뵐게요.
จะขอเวลาสักครู่ได้ไหมคะ	잠시 시간 좀 내 주시겠어요?
สามารถนัดกันได้ประมาณเมื่อไรครับ	언제쯤 약속을 잡을 수 있을까요?
จะมีเวลาประมาณกี่โมงคะ	몇 시쯤에 시간이 나요?
จะมารับกี่โมงครับ	몇 시에 데리러 올 거예요?
พรุ่งนี้มีนัดไหมคะ	내일 약속이 있어요.
วันหยุดสุดสัปดาห์จะทำอะไรครับ พบกันดีไหมครับ	주말에 뭐할 거예요? 만날까요?
บ่ายโมงไม่เป็นไรใช่ไหมคะ	한 시는 괜찮을까요?
พบกันสักครั้งดีไหมครับ	한번 만날까요?
ดิฉันไปเยี่ยมได้ไหมคะ	제가 방문해도 될까요?
จะไปหากี่โมงถึงจะสะดวกครับ	몇 시에 들르면 가장 좋을까요?
พบกันเมื่อไร ที่ไหนดีคะ	언제, 어디서 만날까요?
คุณ กรุณาตัดสินใจเลือกสถานที่	당신이 장소를 정하세요.
พบกันสักครั้งนะคะ	언제 한번 만나죠.
จะพบกันสักครู่ได้ใช่ไหมครับ	잠깐 만날 수 있을까요?
ถ้าหลังหกโมงเมื่อไรก็ได้ค่ะ	오후 여섯 시 이후라면 언제든지 좋아요.
เมื่อไหร่ก็ได้ดีทั้งนั้นครับ	아무 때나 좋아요.
ไม่มีแผนการที่พิเศษค่ะ	특별한 계획은 없어요.
มีนัดทานมื้อเที่ยงครับ	점심 약속이 있어요.
ขอโทษนะ แต่วันนี้ตารางเต็มไปหมดแล้วค่ะ	미안하지만, 오늘 스케줄이 꽉 차 있어요.
มีนัดอื่นครับ	다른 약속이 있어요.
ขอโทษ แต่วันนี้คงจะไม่ได้ค่ะ	미안하지만, 오늘은 안 되겠어요.

วันนี้จำนัดที่จะพบกันได้ใช่ไหมครับ	오늘 만나기로 한 약속 기억하죠?
ค่ะ เดี๋ยวเจอกันนะคะ	네, 이따가 봐요.
จะรอนะครับ	기다리고 있을게요.
โอ้ ขออภัย ดิฉันลืมไปเลย นัดคนอื่นไปแล้วค่ะ	아, 죄송해요. 제가 깜빡 잊고 다른 약속을 잡았네.
ที่พวกเรานัดกันเปลี่ยนเป็นบ่ายสองได้ไหมครับ	우리 약속을 두 시로 옮겨도 될까요?
ได้ค่ะ ไม่เป็นไรค่ะ	네, 괜찮아요.
ขออภัย แต่ทว่าถ้าจะเปลี่ยนที่นัดกันได้ไหมครับ	죄송합니다만, 약속을 변경해도 될까요?
จะมาสายสักกี่นาทีคะ	몇 분이나 늦어질 것 같아요?
ถ้ารีบ ๆ จะมาถึงได้ประมาณกี่โมงครับ	서두르면 몇 시에 올 수 있어요?
จะออกเดินทางกี่โมงคะ	몇 시에 출발할 거예요?
ผมจะปรับเปลี่ยนตารางให้ตรงกับคุณนะครับ	제가 당신 스케줄에 맞출게요.
ถ้างั้น ครั้งหน้าแล้วกันค่ะ	그럼 다음에 하죠.
ขอโทษที่สายครับ	늦어서 미안해요.
มีเรื่องอะไรหรือเปล่า เป็นห่วงค่ะ	무슨 일 있었어요? 걱정했어요.
รถติดมาก ไม่รู้ทำไงครับ	길이 너무 막혀서 어쩔 수가 없었어요.
ทำไมถึงได้ช้าแบบนี้คะ	왜 이렇게 늦으셨어요?
อ๋อ อย่างนั้นก็เลยสายนั่นเองครับ	아, 그래서 늦었군요.
รอนานมากไหมคะ	오래 기다리셨어요?
รออีกห้านาทีแล้วตั้งใจจะไปละครับ	5분만 더 기다리다가 가려고 했어요.
อย่ารออีกเลย ไปเลยค่ะ	더 기다리지 말고 가시죠.

회화

มินแจ **คุณมีงานอดิเรกอะไรบ้างครับ**

민재 당신 취미가 뭐죠?

สุดา **ฉันชอบทั้งฟังเพลงและชอบอ่านหนังสือค่ะ แล้วงานอดิเรกของคุณล่ะคะ**

쑤다 전 노래 듣기와 독서를 좋아해요. 그럼, 당신의 취미는요?

มินแจ **ผมชอบไปเล่นกีฬากับเพื่อน ๆ ครับ บางทีปีนภูเขาด้วย**

민재 전 친구들과 운동하러 가는 것을 좋아해요. 가끔 등산도 합니다.

สุดา **รู้สึกคนเกาหลีชอบปีนภูเขา**

쑤다 한국인들은 등산을 좋아하는 것 같아요.

มินแจ **ใช่ครับ   แต่คนเกาหลีทุกคนจะชอบการปีนภูเขาก็หาไม่**

민재 맞아요. 그러나 한국인 모두가 등산을 좋아하는 것은 아니에요.

สุดา **คุณเล่นกีฬาอะไรคะ**

쑤다 그런데 당신은 무슨 운동을 하죠?

มินแจ **ผมชอบหลายอย่าง ที่ไปประจำคือ ไปเล่นฟุตบอลกับเพื่อน ๆ**
บางทีถ้าเบื่อ ๆ ผมก็ไปว่ายน้ำครับ คุณชอบเล่นกีฬาไหมครับ

민재 전 여러 가지를 좋아합니다. 정기적으로 가는 것은 친구들과 축구 하러 가는 거예요.
가끔 지겨우면 수영하러 갑니다. 당신 운동 좋아해요?

สุดา	ฉันไม่ค่อยชอบเล่นกีฬาค่ะ ชอบแต่ออกกำลังกายเบา ๆ เช่น จ๊อกกิ้ง หรือเต้นรำค่ะ
쑤다	전 그다지 운동을 좋아하지 않아요. 가볍게 운동하는 것을 좋아해요. 예를 들면, 조깅이나 춤추기요.

มินแจ	ที่จริงผมก็ชอบจ๊อกกิ้งนะครับ แต่เพื่อนชอบชวนไปเล่นฟุตบอลบ่อย ๆ ผมจึงมักจะไปกับเพื่อน
민재	사실 저도 조깅을 좋아합니다. 그러나 친구들이 자주 축구 하러 가자고 권하죠. 그래서 대개 친구들과 갑니다.

สุดา	ดีแล้วค่ะ เล่นฟุตบอลทำให้มีเพื่อนมากและดีต่อสุขภาพไม่มากก็น้อย นอกจากเล่นกีฬาแล้วคุณสะสมอะไรเป็นงานอดิเรกไหมคะ
쑤다	좋네요. 축구 하면 친구들이 많이 생기고, 건강에 다소나마 도움이 되죠. 운동 외에 취미 삼아 무얼 수집합니까?

มินแจ	ผมชอบสะสมแสตมป์ครับ แล้วคุณล่ะ สะสมอะไรหรือเปล่าครับ
민재	전 우표 수집을 좋아합니다. 당신은요? 뭐 수집해요?

สุดา	ฉันชอบใส่ตุ้มหูค่ะ อาจจะเรียกว่าสะสมตุ้มหูก็คงได้มั้งคะ มีมากทีเดียวค่ะ
쑤다	전 귀걸이 차는 것을 좋아해요. 아마도 귀걸이를 모으는 것을 취미라고 부를 수 있죠. 아주 많이 있어요.

มินแจ	งั้นวันหลัง ถ้ามีโอกาสผมขอชมหน่อยนะครับ
민재	그러면 만약 기회가 있다면 좀 구경시켜 주세요.

สุดา	ยินดีเลยค่ะ แล้วอย่าลืมเอาแสตมป์สวย ๆ มาอวดกันบ้างนะคะ
쑤다	기꺼이 그러죠. 그리고 예쁜 우표 가지고 와서 자랑하는 것도 잊지 마세요.

단어 학습

งานอดิเรก 취미 ┃ ฟังเพลง 노래를 듣다 ┃ กีฬา 운동 ┃ บางที 때때로, 가끔 ┃ ปีน 오르다, 기어 오르다
ภูเขา 산 ┃ หลายอย่าง 여러가지 ┃ ฟุตบอล 축구 ┃ เบื่อ 지루하다, 지겹다 ┃ ว่ายน้ำ 수영하다 ┃ ออกกำลังกาย 운동
เบา 가볍다, 살살 ┃ จ๊อกกิ้ง 조깅하다 ┃ เต้นรำ 춤을 추다 ┃ ที่จริง 실은, 사실은 ┃ สุขภาพ 건강
สะสม 모으다, 수집하다 ┃ แสตมป์ 우표 ┃ ใส่ 넣다, 입다, 쓰다, 신다 ┃ ตุ้มหู 귀걸이 ┃ ทีเดียว 매우, 굉장히, 대단히
วันหลัง 다음에, 후에 ┃ ชม 구경하다, 칭찬하다 ┃ อย่า (명령 조동사) …하지 말아라 ┃ อวด 자랑하다, 뽐내다

01 ทั้ง...และ …도 …도, …둘 다

ทั้งคุณพ่อและคุณแม่สนับสนุนผมในการเดินทางไปเรียนต่อที่เมืองไทย
내가 태국에 유학 가는 데 있어 아버지와 어머니 두 분 다 지원하셨다.

ทั้งประเทศไทยและประเทศเกาหลีมีความสัมพันธ์มาอย่างใกล้ชิดเป็นระยะเวลา ๗๐
ปีที่ผ่านมา
태국과 한국은 양국은 지난 70년 동안 밀접한 관계를 가져 왔다.

02 ล่ะ (어조사) 의문, 명령, 간원문에 사용

จะไปทำไมล่ะ 왜 가려고 하죠?

อย่าลืมเสียล่ะ 잊지 말아요.

แล้วคุณล่ะ 그러면 당신은요?

03 (ก็)หาไม่, หา...ไม่ …한 것은 아니다

ผมจะอ่านหนังสือเหล่านั้นทั้งหมดก็หาไม่
나는 그 책을 전부 읽은 것은 아니다.

มีหนังสือหลายเล่มจึงเรียนหนังสือเก่งก็หาไม่
책이 많다고 해서 공부를 잘하는 것은 아니다.

04 ประจำ 고정적인, 정기적인

เขาเป็นอาจารย์ประจำมหาวิทยาลัยกรุงเทพ
그는 방콕대학교 전임교수이다.

เวลาไปโรงเรียนลูกชายผมนั่งรถเมล์ประจำทางไป
내 아들은 학교에 갈 때 노선버스를 타고 간다.

05   **ไม่มากก็น้อย**   다소간, 다소나마

ถ้าคุณต้องการความช่วยเหลือก็จะช่วยบ้างไม่มากก็น้อย
만약 당신이 도움을 필요로 한다면 다소나마 도움을 드릴게요.

เงินจำนวนนี้คงจะเป็นประโยชน์แก่คุณไม่มากก็น้อย
이 액수의 돈은 아마도 당신에게 다소간 유용할 것입니다.

06   **แต่, แต่ว่า**   그러나

เขาพูดภาษาอังกฤษเก่งแต่ไม่ชอบวิชาคณิตศาสตร์
그는 영어는 말을 잘하지만 수학은 싫어한다.

ผู้ชายคนนั้นยากจนแต่เขาเป็นคนซื่อสัตย์
그 남자는 가난하지만 정직하다.

07   **เบา**   감소하다, 낮추다, 가볍다

อาการเบาลง
병세가 호전되다.

เครื่องลงเบาหน่อย
기계의 속도를 좀 낮추다.

08   **ที่จริง, ความจริง, อันที่จริง, จริง ๆ แล้ว**   실은, 사실은

ที่จริงเป็นโครงการที่เยี่ยมมาก แต่การปฏิบัตินั้นยาก
매우 훌륭한 계획입니다. 그러나 실천은 어렵습니다.

อันที่จริงเขามีคุณสมบัติที่คบคนง่าย แต่ขาดน้ำใสใจจริง
사실 그는 사람을 쉽게 사귀는 자질이 있다. 그러나 진실한 마음이 부족하다.

<table><tr><td>**09**</td><td>**ชวน** 권하다, 설득하다, 유도하다</td></tr></table>

เขาชวนไปดูหนัง
그가 영화 보러 가자고 권유했다.

อาหารนี้ชวนกิน
이 음식은 식욕을 돋운다.

<table><tr><td>**10**</td><td>**จึง, ดังนั้น, เพราะฉะนั้น** 그러므로</td></tr></table>

เนื่องจากตำรวจไม่ให้จอดที่นี่ผมจึงไปจอดที่อื่น
경찰이 이곳에 주차하지 않도록 해서 나는 다른 곳에 주차하러 갔다.

ราคาน้ำมันแพงขึ้นเพราะฉะนั้นเราจึงควรจะประหยัดน้ำมัน
기름 값이 올랐어요. 그래서 우리는 기름을 절약해야만 합니다.

연습문제

다음 문장을 태국어로 바꾸어 쓰시오.

01 그는 영어, 불어, 그리고 태국어까지 유창하게 말할 수 있다.

____

02 그는 부자인 척 하지만 실은 부자가 아니다.

____

03 암파이 선생님은 끄어의 담임 선생님이다.

____

04 이 책을 배우고 나면 다소나마 태국어를 말할 수 있을 것이다.

____

05 그가 비록 남의 물건을 훔쳤으나, 실은 천성은 착한 사람이다.

____

06 그 의사는 주민들이 끓인 물을 마시도록 유도하면 아마도 콜레라에 걸리지 않을 거라고 확신했다.

____

07 그는 감기에 걸려서 회의에 출석하지 못하겠다고 했다.

____

งานอดิเรกคืออะไรครับ	취미가 뭐예요?
ถ่ายภาพค่ะ	사진을 찍어요.
ทำงานอดิเรกที่ดีนะครับ	좋은 취미를 가지셨네요.
ทำอะไรให้อารมณ์ดีขึ้นดีนะคะ	기분 전환을 위해 무엇을 해요?
เวลาว่างจะทำอะไรครับ	한가한 시간에는 무엇을 하세요?
ช่วงสุดสัปดาห์มักทำอะไรคะ	주말에 주로 무엇을 하세요?
หลังจากเลิกงานมีอะไรที่จะทำเหรอเปล่าครับ	퇴근 후에 하시는 일이 있나요?
อยู่บ้านเฉย ๆ ค่ะ	그냥 집에 있어요.
ผมอ่านหนังสือครับ	저는 책을 읽어요.
พบเพื่อนค่ะ	친구를 만나요.
ชอบออกกำลังกายครับ	운동하는 것을 좋아해요.
ชอบตกปลาค่ะ	낚시를 좋아해요.
ชมการแสดงดนตรีครับ	뮤지컬 감상을 해요.
ชอบอ่านหนังสือไหมคะ	책 읽는 거 좋아해요?
ครับ ชอบ	네, 좋아해요.
ชอบอ่านหนังสือประเภทไหนครับ	어떤 책을 즐겨 읽나요?
ฉันชอบอ่านนวนิยายค่ะ	저는 소설 읽는 것을 좋아해요.
ชอบนักเขียนคนไหนครับ	좋아하는 작가는 누구인가요?
ในช่วงนี้หนังสืออะไรที่ขายดีคะ	요즘 베스트셀러가 무엇인가요?
ในหนึ่งเดือนอ่านหนังสือกี่เล่มครับ	한 달에 책을 몇 권 읽어요?
อ่านประมาณ ๓ หรือ ๔ เล่มค่ะ	대략 3, 4권 읽어요.
หนังสือเล่มนั้นอ่านไปหลายครั้งครับ	그 책은 여러 번 다시 읽었어요.
ชอบดนตรีประเภทไหนเหรอคะ	어떤 음악 좋아하세요?
ชอบฟังเพลงคลาสสิกครับ	저는 클래식을 주로 들어요.
มีเครื่องดนตรีที่สามารถเล่นได้ไหมคะ	연주할 수 있는 악기가 있나요?

เล่นเปียโนเป็นครับ	피아노를 칠 줄 알아요.
นักร้องที่ชอบ คือ ใครคะ	좋아하는 가수는 누구예요?
มีเพลงที่ชอบไหมครับ	좋아하는 노래가 있어요?
ฉันชอบวง คาราบาว ค่ะ	저는 카라바오를 좋아해요.
ผมชอบเพลง "เมด อิน ไทยแลนด์" ครับ	저는 "메이드 인 타일랜드"를 좋아해요.
ช่วยร้องเพลงค่ะ	노래 불러 주세요.
ผมร้องเพลงไม่เป็นครับ	저는 음치예요.
ชอบภาพยนตร์ประเภทไหนคะ	어떤 장르의 영화를 좋아하세요?
ผมชอบภาพยนตร์ โรแมนติก คอมเมดี้ ครับ	저는 로맨틱 코미디 영화를 좋아해요.
วันนี้กลางคืนไปโรงภาพยนตร์กันไหมคะ	오늘 밤 영화관에 갈래요?
ชอบดูภาพยนตร์ไหมครับ	영화 보는 거 좋아하세요?
ชอบกีฬาไหมคะ	스포츠를 좋아하나요?
ครับ ถ้ากีฬาชอบทั้งหมดครับ	네, 스포츠라면 다 좋아해요
เก่งกีฬาอะไรคะ	무슨 스포츠를 잘하세요?
ผมตีปิงปองเก่งครับ	전 탁구를 잘 칩니다.
เล่นสกีเก่งไหมคะ	스키 잘 타세요?
ตีเทนนิสเป็นไหมครับ	테니스 칠 줄 알아요?
ปีนเขาบ่อยมากแค่ไหนคะ	얼마나 자주 산에 오르나요?
จะไปปีนเขากับใครครับ	등산은 주로 누구와 가요?
ไปตกปลาที่ไหนคะ	어디로 낚시하러 가요?
ไปเล่นสกีในฤดูหนาวครับ	겨울에는 스키를 타러 다녀요.
ฉันไม่สนใจในกีฬาค่ะ	저는 스포츠에 관심이 없어요.
ผมชอบกีฬาแต่เล่นไม่เก่งครับ	스포츠를 좋아하지만 잘하진 못해요.

13 การพูดโทรศัพท์

회화

มินแจ สวัสดีครับ ขอพูดกับสุดาหน่อยครับ
민재 안녕하세요? 쑤다 좀 바꿔 주세요.

สุรีย์ สวัสดีค่ะ สุดาไม่อยู่ค่ะ นั่นใครพูดคะ
쑤리 안녕하세요? 쑤다 없는데, 누구시죠?

มินแจ มินแจเองครับ พี่สุรีย์ใช่ไหม พี่สบายดีไหมครับ
민재 민재예요. 쑤리 누나죠? 누나 별고 없으세요?

สุรีย์ สบายดีจ้ะ มินแจ ไม่ได้พบกันเสียนานนะ สุดาเขาไปบ้านของเรณูจ้ะ
쑤리 잘 지내. 민재야. 오랫동안 만나지 못했구나. 쑤다는 레누 집에 갔어.

มินแจ เหรอครับ ถ้างั้นผมจะโทรมาใหม่นะครับ
민재 그래요? 그럼 다시 전화 할게요.

สุรีย์ ถ้ามีเรื่องสำคัญพี่จะบอกให้โทรไปหามินแจดีไหม
쑤리 만약 중요한 일이 있으면 누나가 민재에게 전화하라고 말해 줄까?

มินแจ ก็ดีเหมือนกันครับ
민재 좋아요.

สุรีย์ เบอร์โทรของมินแจ เบอร์อะไรจ๊ะ
쑤리 민재 전화번호가 몇 번이지?

มินแจ	เบอร์โทรศัพท์ของผม คือ 010-1313-7805 ครับ
민재	제 전화번호는 010-1313-7805에요.

สุรีย์	จ้ะ แล้วจะบอกสุดาให้ แล้วคุยกันใหม่นะ สวัสดีจ้ะ
쑤리	그래. 쑤다에게 말해 줄게. 또 얘기하자. 안녕.

มินแจ	ครับ แล้วคุยกันใหม่ สวัสดีครับ
민재	네, 또 통화하죠. 안녕히 계세요.

단어 학습

โทรศัพท์ 전화, 전화하다 ▪ **จำเป็น** 필요하다 ▪ **เบอร์โทร** 전화번호 ▪ **คุย** 대화하다, 담소하다

01

ขอพูดกับ...หน่อย ~좀 바꿔 주세요, ~좀 부탁 드립니다
ขอเรียนสาย...หน่อย ~에게 연결해 주십시오

ขอพูดกับคุณสุดาหน่อย
> 쑤다 씨 좀 바꿔 주세요.

ขอเรียนสายกับคุณสมชายหน่อย
> 쏨차이 씨에게 연결해 주세요.

02

โทรไป, โทรมา 전화하다, 전화 걸다

คุณโทรไปหาใคร
> 누구에게 전화 거니?

คุณคิมโทรมา
> 김 선생님이 전화했습니다 (전화 걸었습니다).

ผมจะโทรมาใหม่
> 내가 다시 전화 할게.

03

ถ้าจำเป็น, ถ้าจำเป็น(จะ)ต้อง 만약 필요하다면

ถ้าจำเป็นต้องสร้างบ้านก็สร้างข้าง ๆ บ้านผม
> 만약 집을 건설해야 할 필요가 있다면 나의 집 옆에 세우세요.

연습문제

다음 문장을 태국어로 바꾸어 쓰시오.

01 국제부 좀 연결해 주세요.

02 우리 전화 상으로 얘기하는 것이 더 좋겠네요.

03 당신이 정치학을 공부할 필요가 있다면, 이 책을 먼저 읽어야 할 거예요.

04 우리는 어른들의 가르침과 조언을 듣고 믿어야 할 필요가 있다.

มีอะไรจะฝากไหมครับ	전하실 말씀 있으십니까?
อีกสักครู่ดิฉันจะโทรมาใหม่ค่ะ	잠시 후에 제가 다시 전화 드릴게요.
โทรศัพท์สาธารณะอยู่ที่ไหนครับ	공중전화가 어디 있습니까?
ขอบัตรโทรศัพท์ดีแทค 300 บาทค่ะ	DETAC 300바트 짜리 전화카드 주세요.
ขอต่อสายห้อง 947 หน่อย ครับ	947호실 좀 연결해 주세요.
จะโทรไปเป็นคอลเล็กต์คอลค่ะ	수신자부담으로 하겠습니다.
ช่วยฝากว่าให้โทรกลับผมหน่อยครับ	저에게 전화해 달라고 전해 주세요.
ขอโทษ โทรผิดค่ะ	죄송합니다. 전화를 잘못 걸었네요.
ถือสายรอครับ	끊지 말고 기다리세요.
ติดแล้ว พูดได้เลยค่ะ	연결됐습니다. 말씀하세요.
กำลังพูดครับ	접니다.
เบอร์โทรศัพท์อะไรคะ	전화번호가 어떻게 됩니까?
คุณสมชายอยู่ไหมครับ	쏨차이 씨 계십니까?
เขาไม่อยู่ตรงนี้ค่ะ	자리에 없네요.
เลิกงานแล้วเหรอครับ	퇴근하셨나요?
ไม่ค่ะ กำลังออกไปทำงานข้างนอกน่ะค่ะ	아니요. 외근 중이세요.
กรุณาช่วยฝากข้อความไว้ว่า ลี ยองโฮ โทรมาหานะครับ	이영호가 전화했었다고 메시지 남겨 주세요.
มีอะไรจะฝากแจ้งไหมคะ	전하실 말씀이 있으세요?
ช่วยโทรมาใหม่อีกทีได้ไหมครับ	다시 걸어 주시겠어요?
ทราบไหมคะว่าจะกลับมาเมื่อไหร่	언제 돌아오는지 아세요?
จะฝากข้อความไว้ให้ครับ	메시지를 남길게요.
ช่วยแจ้งให้หน่อยนะคะ	좀 알려 주세요.
ช่วยเรียนว่าผมจะโทรมาใหม่นะครับ	제가 다시 전화하겠다고 전해 주세요.
ช่วยเรียนว่าดิฉันได้โทรศัพท์มาค่ะ	제가 전화했었다고 전해 주세요.

ช่วยเรียนว่ากรุณาโทรศัพท์หาผมด้วยครับ	제게 전화하라고 전해 주세요.
ช่วยเรียนว่าช่วยโทรศัพท์หาดิฉันโดยเร็วด้วยค่ะ	빨리 저에게 전화해 달라고 전해 주세요.
ช่วยฝากบอกเขาว่าผมชื่อคิม แดจุง ตอนนี้พักอยู่ที่โรงแรมบางกอก ถ้าเขากลับมาแล้วขอให้โทรกลับเบอร์ 081-245-3678 หน่อยครับ	그에게 전해 주세요. 저는 김대중이란 사람인데, 지금 방콕호텔에 묵는다고요. 돌아오시면 081–245–3678 번호로 전화 좀 달라고 전해 주세요.
ช่วยเรียนว่าเกิดเรื่องด่วนค่ะ	급한 일이라고 전해 주세요.
คุณภาวนาได้โทรศัพท์มาครับ	파와나 씨가 전화했어요.
หลังจากวางสายแล้วจะต่อสายให้ค่ะ	통화가 끝나는 대로 연결해 드리겠습니다.
จะเปลี่ยนสายให้นะครับ	바꿔 드릴게요.
จะนำโทรศัพท์ให้คุณสมชายนะคะ	쏨차이 씨에게 전화 돌려 드릴게요.
จะต่อสายไปยังโอเปอร์เรเตอร์นะครับ	전화를 교환에게 연결해 드리겠습니다.
กรุณาแจ้งชื่อไว้ค่ะ แล้วจะแจ้งให้ติดต่อกลับไปเองค่ะ	성함을 말씀해 주세요. 바로 연락 드리도록 전할게요.
หากสายเกิดหลุดขณะทำการติดต่อ กรุณาติดต่อใหม่อีกครั้งครับ	연결하는 사이에 끊기면 다시 전화해 주세요.
โทรมาเหรอคะ	전화하셨어요?
ครับ แต่ไม่อยู่เลยฝากข้อความไว้ครับ	네, 안 계셔서 메시지 남겼어요.
ขอโทษนะคะที่ไม่ได้รับสาย	전화 못 받아서 죄송합니다.
โทรกลับเพราะได้รับข้อความที่บอกให้โทรติดต่อกลับครับ	전화 달라는 메시지를 받고 전화 드려요.
แถว ๆ นี้มีโทรศัพท์สาธารณะไหมคะ	이 근처에 공중전화가 있어요?
ทางโน้นมีโทรศัพท์สาธารณะครับ	공중전화는 저쪽에 있어요.
โทรศัพท์สาธารณะอยู่ที่ไหนคะ	공중전화는 어디에 있어요?
ซื้อบัตรโทรศัพท์ได้ที่ไหนครับ	전화 카드는 어디서 사요?
ร้ายขายของฝั่งตรงข้ามของถนนมีขายค่ะ	길 건너편 가게에서 팔아요.
บริการสอบถามหมายเลขโทรศัพท์ เบอร์อะไรครับ	전화번호 안내는 몇 번이에요?

หนึ่งหนึ่งสามสามค่ะ	1133이에요.
ต้องการเหรียญครับ	동전이 필요해요.
ลองเปิดสมุดโทรศัพท์หาดูสิคะ	전화번호부를 찾아 보세요.
โทรในเมืองเท่าไหร่เหรอครับ	시내 통화는 얼마예요?
สามนาทีเก้าบาทค่ะ	3분당 9바트입니다.
อยากจะโทรเก็บเงินปลายทางที่เกาหลีน่ะครับ	한국에 수신자 부담 전화로 하고 싶어요.
กรุณาแจ้งรหัสประเทศและหมายเลขโทรศัพท์ตามลำดับค่ะ	국가 번호와 전화번호를 차례로 말씀해 주세요.
รหัสประเทศ 66 รหัสจังหวัด 2 และเบอร์โทรศัพท์ 1234 5678 ครับ	국가번호는 66, 지역 번호는 2, 그리고 전화번호는 1234 5677이에요.
มีสัญญาณแล้วแต่ว่าไม่มีคนรับสายค่ะ	신호는 가는데 받지 않습니다.
สายหลุด กรุณาติดต่อกลับมาใหม่ครับ	전화가 끊겼어요. 다시 연결해 주세요.

14 아가아ศ

회화

สุดา   **พยากรณ์อากาศว่าพรุ่งนี้อากาศเป็นไงคะ**
쑤다   내일 날씨가 어떻다고 예보되어 있어요?

มินแจ   **วันพรุ่งนี้อากาศร้อนไม่ใช่เล่นครับ ช่วงนี้ฤดูร้อนไง**
민재   내일 제법 더워요. 요즘이 여름이잖아요.

สุดา   **อุณหภูมิกี่องศาคะ**
쑤다   온도는 몇 도죠?

มินแจ   **๓๔ องศาเซลเซียส ครับ**
민재   섭씨 34도예요.

สุดา   **คงจะร้อนเหมือนวันนี้นะคะ**
            แต่ฉันว่าเกาหลีร้อนไม่เหมือนเมืองไทย ไม่รู้จะอธิบายยังไง
            ร้อนแบบอบอ้าว ทำให้อึดอัด
쑤다   아마 오늘처럼 덥겠네요.
       그러나 한국의 더위는 태국과 다른 것 같아요. 어떻게 설명할지 모르겠어요.
       푹푹 찌는 듯이 더워 답답해요.

มินแจ   **ใช่แล้ว ผมว่าขึ้นอยู่กับความชื้นนะครับ**
            โดยทั่ว ๆ ไป ฤดูร้อนในเกาหลีมีความชื้นสูงมากและมีความร้อนที่ขึ้นมา
            จากพื้นดินสูงมาก

민재   맞아요. 습도와 관계가 있다고 생각해요.
       일반적으로 한국의 여름은 습도가 매우 높아요.
       그리고 지면에서 올라오는 매우 열도 높아요.

수다   **ประเทศไทยฝนตกเมื่อใดน้ำท่วมเมื่อนั้น**
       แต่คิดว่าฤดูกาลของเกาหลีแบ่งออกเป็นสี่ฤดูอย่างชัดเจนนะคะ

쑤다   태국은 비가 오기만 하면 홍수가 나요.
       그러나 한국의 계절은 4계절이 뚜렷하게 구분된다고 생각해요.

민재   **ครับ ฤดูร้อนก็แค่ 2-3 เดือนเท่านั้น ส่วนใหญ่ฝนตกในช่วงนี้**
       แต่เดี๋ยวนี้อากาศแปรปรวนมาก ผมคิดว่าคงได้รับผลกระทบจาก
       ภาวะโลกร้อน

민재   네, 여름은 2, 3개월뿐이에요. 이 기간에 비가 대부분 내리죠.
       그러나 요즘은 날씨가 변동이 심하네요. 아마도 온난화 현상으로부터 영향을 받는다고 생각해요.

수다   **ฉันก็คิดว่าอย่างนั้น**
       แม้ว่าอากาศร้อนสักแค่ไหนคงไม่มีทางทำอะไรได้นอกจากเรา
       ต้องปรับตัวให้ดี

쑤다   저도 그렇게 생각해요.
       날씨가 아무리 덥더라도 우리가 잘 적응하는 것 외에는 아마도 방법이 없어요.

단어 학습

아가ศ 날씨, 공기, 하늘 ▮ พยากรณ์ 예보하다, 예측하다 ▮ ฤดูร้อน 여름 ▮ อุณหภูมิ 기온, 온도 ▮ องศา 도(度)
เซลเซียส 섭씨 ▮ อธิบาย 설명하다 ▮ ยังไง 어떻게(= อย่างไร) ▮ อบอ้าว 푹푹 찌다, 숨막힐 듯이 덥다
อึดอัด 답답하다, 짜증나다 ▮ ชื้น 습하다, 축축하다 ▮ พื้นดิน 대지, 땅, 지면 ▮ ท่วม (물) 넘치다
ฤดูกาล 시기, 계절 ▮ แบ่ง 나누다, 구분하다 ▮ ชัดเจน 뚜렷한, 분명한, 확실한 ▮ แปรปรวน 변화하다, 바뀌다
ผลกระทบ 영향 ▮ ภาวะ 상황, 상태 ▮ โลกร้อน 지구 온난화 ▮ ปรับตัว 적응하다

01 ไม่ใช่เล่น 제법

หนังสือเล่มนี้ยากไม่ใช่เล่นแต่เขาอ่านเข้าใจเป็นอย่างดี
이 책은 제법 어려운데도 그는 잘 이해한다.

อาหารนี้ไม่รู้ใครทำแต่ฝีมือดีไม่ใช่เล่น
이 음식은 누가 만들었는지 솜씨가 제법 훌륭하다.

02 ขึ้นอยู่กับ, แล้วแต่, ตามแต่ ⋯에 달려 있다, ⋯에 따라, ⋯대로

ทีมเราชนะหรือแพ้นั้นขึ้นอยู่กับคุณ
우리 팀이 승리하는가 패하는가는 당신에 달려 있다.

ดิฉันได้คะแนนดีหรือไม่นั้นขึ้นอยู่กับความพยายามของดิฉัน
내가 좋은 성적을 받는지 아닌지는 나의 노력에 달려 있다.

03 โดยทั่ว ๆ ไป 일반적으로, 전체적으로

การประกวดภาพเขียนคราวนี้มาตรฐานโดยทั่ว ๆ ไป ดีขึ้น
이번 그림 경연은 일반적으로 수준이 향상되었다.

ในปีนี้คะแนนสอบเข้ามหาวิทยาลัยของนักศึกษาโดยทั่วไปต่ำลง
올해 학생들의 대학 입학 성적이 전반적으로 떨어졌다.

04 ⋯เมื่อใด⋯เมื่อนั้น, ตราบใด⋯ตราบนั้น ⋯하기만 하면 ⋯한다

ผมไปลำธารเมื่อใดนึกถึงสมัยที่เป็นเด็กเมื่อนั้น
나는 냇가에 갈 때마다 어린 시절이 생각난다.

ตราบใดชาติคงอยู่เราก็คงอยู่ตราบนั้นและตราบใดเราอยู่ชาติก็อยู่ตราบนั้น
국가가 존재하는 한 우리가 존재하고, 우리가 존재하는 한 국가가 존재한다.

05 สักปานใด, เพียงไร, สักแค่ไหน 아무리, 어느 정도

ใจคอจะมืดมนสักปานใดหน้าที่ของตัวเองต้องปฏิบัติด้วยตนเอง
아무리 우울하더라도 자신의 의무는 스스로 실천해야 한다.

ภูเขาจะสูงสักปานใดถ้าใช้ความพยายามแล้วไม่มีภูเขาใดที่จะขึ้นไม่ได้
산이 아무리 높더라도 노력하면 못 오를 산이 없다.

06 ไม่มีทาง, ไม่มีทาง...ได้ …할(할 수 있는) 길(방법)이 없다

เรื่องนี้ไม่มีทางที่จะแก้ไขได้หลายทาง
이 일은 여러 가지 방법으로 해결할 길이 없다.

ไม่มีทางนอกจากจะไปปรึกษาหาทางออกกับอาจารย์
교수님을 찾아가 상의하는 것 외에 방법이 없다.

07 เดี๋ยวนี้ 지금, 즉시, 당장, 요즘

คุณต้องไปเดี๋ยวนี้
당신 즉시 가야 한다.

เดี๋ยวนี้คุณพ่อไม่ค่อยแข็งแรง
요즘 아버님의 건강이 그다지 좋지 않으십니다.

08 ได้รับ (수동 조동사) 받다

ผมได้รับจดหมายจากเพื่อนฝรั่ง
나는 서양 친구로부터 편지를 받았습니다.

เขาได้รับบัตรเชิญเข้าร่วมพิธีมงคลสมรส
그는 결혼식 청첩장을 받았다.

연습문제

다음 문장을 태국어로 바꾸어 쓰시오.

01 오늘은 날씨가 제법 쌀쌀하다.

02 그녀와의 결혼 문제는 전적으로 나의 결정에 달려 있다.

03 전반적으로 한국 사람은 성격이 급하고, 다른 외국인보다 음식을 빨리 먹는 편이다.

04 나는 책만 보면 졸리다.

05 사람이 아무리 유능하다 하더라도 정직하지 못하면 신임을 못 받는다.

06 그 사람 외에는 당신을 도와 줄 수 있는 방법이 없습니다.

07 요즈음 기술과 컴퓨터는 인류의 삶을 영위하는 데 중요한 역할을 담당한다.

08 태국은 인도와 중국 문화로부터 많은 영향을 받았다.

วันนี้อากาศดีมากครับ	오늘 날씨가 매우 좋네요.
แล้ววันพรุ่งนี้ล่ะคะ	그러면 내일은 어떻대요?
วันพรุ่งนี้ก็อากาศแจ่มใสครับ	내일도 화창할 거래요.
สภาพอากาศแย่มากค่ะ	날씨가 영 안 좋아요.
น้ำค้างแข็งปกคลุมครับ	서리가 내렸어요.
หมอกปกคลุมค่ะ	안개가 꼈어요.
ลมเย็น ๆ ครับ	바람이 시원해요.
ลมพัดแรงค่ะ	바람이 세게 불어요.
ท้องฟ้าเปิดครับ	하늘이 개었어요.
ท้องฟ้าหม่นครับ	날이 흐리네요.
อากาศร้อนแบบอบอ้าวค่ะ	후덥지근하네요.
อากาศชื้นมากครับ	습해요.
อากาศชื้นเล็กน้อยค่ะ	눅눅해요.
ความชื้นสัมพัทธ์สูงทำให้เชื้อราเติบโตครับ	습도가 높아서 곰팡이가 피었어요.
แดดแรงนะคะ	햇살이 따갑네요.
ร้อนอบอ้าวนะครับ	푹푹 찌네요.
ข้างนอกอากาศเย็น ๆ ค่ะ	밖은 조금 쌀쌀합니다.
ข้างนอกอากาศหนาวมากครับ	밖은 매우 추워요.
ท้องฟ้ามีเมฆปกคลุมหนาแน่นค่ะ	하늘에 구름이 잔뜩 끼었어요.
บอกว่าพายุใต้ฝุ่นจะเข้าครับ	태풍이 온대요.
พยากรณ์อากาศแจ้งไว้อย่างนั้นค่ะ	일기예보에서 그렇게 말했어요.
ฝนตกปรอย ๆ ครับ	이슬비가 내려요.
บอกว่าฝนจะหยุดตกค่ะ	비가 그칠 거래요.
ฝนตกอย่างกับฟ้ารั่วครับ	비가 억수같이 내려요.
เมื่อวานเปียกฝนค่ะ	어제 비 맞았어요.

เอาร่มติดตัวไปด้วยนะครับ	우산 가지고 나가세요.
ตอนนี้หน้าฝน ฝนตกบ่อยค่ะ	지금은 우기라서 비가 자주 내려요.
หิมะตกนิดหน่อยครับ	눈이 조금 왔어요.
หิมะลูกใหญ่ตกค่ะ	함박눈이 와요.
ข้างนอกหิมะแรกตกครับ	밖에 첫눈이 와요.
ก็ว่าอากาศเริ่มหนาวนิด ๆ นี่เข้าฤดูหนาวแล้ว	조금 춥다 싶더니 벌써 겨울이네요.
เข้าฤดูใบไม้ผลิแล้วครับ	봄이 왔어요.
หมดฤดูร้อนแล้วค่ะ	여름이 갔어요.

การเชิญแขก

회화

มินแจ   **เชิญครับ ขอบคุณที่มาเยี่ยมบ้านของเรานะครับ**

민재   어서 오십시오. 저의 집을 방문해 주셔서 감사합니다.

สุดา   **ขอบคุณจริง ๆ ที่ได้เชิญมาอย่างนี้นะคะ**

쑤다   이렇게 초대해 주셔서 정말 고맙습니다.

มินแจ   **นี่ภรรยาและยองซู ลูกชายผมครับ**

민재   여기 집사람과 아들 영수입니다.

สุดา   **ดิฉันชื่อ สุดาค่ะ ยินดีที่ได้รู้จักค่ะ**

쑤다   제 이름은 쑤다입니다. 만나 뵙게 되어 반갑습니다.

ภรรยา   **เช่นเดียวกันค่ะ แม้มีอาหารไม่กี่อย่างแต่ก็เชิญทานมาก ๆ นะคะ**

아내   마찬가지예요. 음식을 많이 준비하지 않았습니다만 많이 드세요.

สุดา   **ขอบคุณค่ะ นี่อาหารอะไรคะ**

쑤다   감사합니다. 이건 무슨 요리입니까?

ภรรยา   **เรียกว่าบูลโกกี เป็นเนื้ออย่างค่ะ**

아내   불고기라고 부르는데, 쇠고기 구이입니다.

สุดา   **ใส่ผักหลายอย่าง**

쑤다   여러가지 야채를 넣었네요.

ภรรยา **ใส่หัวหอม เห็ด ต้นหอม กระเทียม เป็นต้น รสชาติเป็นอย่างไรคะ**

아내 양파, 버섯, 파, 마늘 등을 넣었어요. 맛이 어떠세요?

สุดา **ดิฉันชิมอาหารทุกอย่างอย่างละเล็กอย่างละน้อยก็ถูกปากดิฉันดีค่ะ
โดยเฉพาะกิมจิ นะคะ รู้สึกว่าคุณทำอาหารเก่งมาก**

쑤다 제가 조금씩 맛보았는데 모든 음식이 제 입맛에 꼭 맞습니다.
특히 김치가요. 당신께선 요리를 참 잘하시는군요.

ภรรยา **ขอบคุณค่ะ**

아내 감사합니다.

มินแจ **คนเกาหลีรับประทานกิมจิแทบทุก ๆ มื้อก็ว่าได้**

민재 한국인들은 거의 매 끼니에 김치를 먹는다고 해도 과언이 아닙니다.

สุดา **มินแจค่ะ นี่ของฝากเล็ก ๆ น้อย ๆ เป็นที่ระลึกในการมาเยี่ยมบ้าน**

쑤다 민재 씨! 이거 변변치 않은 것인데 집 방문 기념으로 드릴게요.

มินแจ **ขอบคุณครับ ผมก็มีของฝากเล็กน้อยเช่นกัน เป็นตุ๊กตาเกาหลี**

민재 감사합니다. 저도 조그만 것 하나 선물할게요. 한국 인형입니다.

สุดา **เอาละค่ะ รู้สึกดิฉันมาอยู่นานทีเดียว ขอตัวนะคะ วันนี้อาหารอร่อยมาก
ขอบคุณจริง ๆ ค่ะ ถ้าคุณหญิงมีโอกาสมาเยี่ยมประเทศไทย
ดิฉันจะเชิญไปที่บ้านดิฉันแน่นอนค่ะ**

쑤다 꽤 오랫동안 있은 것 같습니다. 이제 실례하겠습니다.
오늘 아주 맛있게 먹었습니다. 정말로 감사했습니다.
부인께서 언제 태국에 오시면 저의 집으로 꼭 초대하겠습니다.

ภรรยา **ขอบคุณค่ะ ขอให้กลับโดยปลอดภัยนะคะ**

아내 감사합니다. 조심해서 가십시오.

 단어 학습

เชิญ 초청하다 █ แขก 손님 █ เยี่ยม 방문하다 █ เตรียม 준비하다, 대비하다 █ เรียก 부르다 █ เนื้อ 고기, 소고기, 살
ย่าง 굽다 █ ผัก 야채, 채소 █ เยอะ 많다 █ หัวหอม 양파 █ เห็ด 버섯 █ ต้นหอม 파 █ กระเทียม 마늘
เป็นต้น 등등 █ รสชาติ 맛 █ ชิม 맛보다 █ ถูกปาก 입에 맞다 █ พอดี 꼭, 딱, 마침…하다 █ มื้อ 끼니
ของฝาก 선물 █ ระลึก 기념하다 █ ตุ๊กตา 인형

핵심 포인트

---

01 **อย่างละเล็กอย่างละน้อย, ทีละเล็กทีละน้อย, ทีละน้อย ๆ**
조금씩, 차차로

เขาเริ่มสนใจภาษาไทยทีละเล็กทีละน้อย
> 그는 차차로 태국어에 관심을 갖기 시작했다.

กินทีละน้อย ๆ ถ้ารีบกินก็จะปวดท้อง
> 조금씩 드세요. 급히 먹으면 체합니다.

---

02 **เกือบ, แทบ** 거의 …하다

เขากลับบ้านเกือบเที่ยงคืน
> 그는 거의 자정이 되어서 돌아왔다.

จากกรุงเทพถึงเชียงใหม่ใช้เวลาโดยสารรถประจำทางเกือบ 12 ชั่วโมง
> 방콕에서 치앙마이까지는 버스로 거의 12시간 소요된다.

---

03 **ก็ว่าได้, ก็คงได้, จะว่า...ก็ได้** …라고 말할 수 있다

เขาเป็นนักพนันก็ว่าได้
> 그는 도박꾼이라고 해도 과언이 아니다.

จะว่าเขาเป็นคนกลัวภรรยาก็ได้
> 그는 공처가라고 해도 과언이 아니다.

04 **เล็ก ๆ น้อย ๆ, เล็กน้อย**
보잘 것 없는, 사소한, 하찮은, 조그마한, 변변치 않은, 시시한

นี่ของเล็ก ๆ น้อย ๆ เป็นขนมเกาหลี
이거 변변치 않은 것인데 한국과자입니다.

เป็นเรื่องเล็ก ๆ น้อย ๆ
사소한 일입니다.

05 **เอาละ**   '자, 좋아'의 뜻으로 다음 행동을 말하기 전에 사용하는 관용적인 표현

เอาละ ทำอย่างนี้ก็แล้วกัน
자, 이렇게 하도록 하지.

เอาละ ทำงานเต็มที่หน่อย
자, 최대한으로 일을 하세요.

다음 문장을 태국어로 바꾸어 쓰시오.

01 할아버지의 건강이 조금씩 회복되기 시작했다.

____

02 태국인들은 거의 매일 생선과 고추장을 먹는다.

____

03 쭐라롱껀 대학교는 태국에서 가장 유명한 대학이라 해도 과언이 아니다.

____

04 좋아요. 그 문제는 다음 번에 다시 얘기하기로 하죠.

____

พรุ่งนี้ตอนเย็นมาที่บ้านหน่อยได้ไหมครับ	내일 저녁에 집으로 올래요?
ทานอะไรที่บ้านดิฉันรองท้องก่อนค่อยไปไหมคะ	우리 집에서 간단히 요기하고 갈래요?
มาทานข้าวเย็นที่บ้านผมไหมครับ	저희 집에 오셔서 저녁 식사 하실래요?
จะไม่ทานข้าวด้วยกันซักมื้อเหรอคะ	식사라도 한번 같이 하시지 않겠어요?
วันพุธช่วยมาที่บ้านผมหน่อยได้ไหมครับ	수요일에 저희 집에 오시겠어요?
มีปาร์ตี้อะไรเหรอคะ	무슨 파티예요?
ปาร์ตี้วันเกิดน่ะครับ	생일 파티예요.
ไปสายหน่อยได้ไหมคะ	늦게 가도 괜찮아요?
ที่บ้านผมมีปาร์ตี้น่ะครับ อยากมาร่วมไหมครับ	저희 집에서 파티가 있어요. 오실래요?
สุดสัปดาห์นี้จัดงานปาร์ตี้กันเถอะ	이번 주말에 파티를 엽시다!
จะไปให้ได้ครับ	꼭 갈게요.
ยินดีจะไปด้วยค่ะ	기꺼이 가겠어요.
ยังไม่ได้ตัดสินใจครับ แล้วจะแจ้งให้ทราบทีหลังครับ	아직 결정을 못 했어요. 나중에 알려 드릴게요.
ขอบคุณนะคะ แต่มีนัดก่อนแล้วค่ะ	고맙지만 선약이 있어요.
ขอโทษนะครับ เหมือนว่าจะไปไม่ได้ครับ	미안하지만 못 갈 것 같아요.
อยากไปนะคะ แต่เวลาไม่ได้น่ะค่ะ	가고 싶지만, 시간이 안 돼요.
ขอบคุณที่ชวนนะครับ แล้วงานเมื่อไหร่ล่ะครับ	초대 고맙습니다. 행사 언제 해요?
ปาร์ตี้จัดที่ไหนคะ	어디서 파티를 합니까?
ที่บ้านผมครับ	우리 집에서 해요.
ปาร์ตี้เริ่มกี่โมงคะ	파티를 몇 시에 합니까?
จะไปปาร์ตี้ได้ตั้งแต่กี่โมงครับ	몇 시까지 파티에 가야 해요?
สถานที่จัดปาร์ตี้คือที่ไหนคะ	파티 장소는 어디입니까?
งานปาร์ตี้นี้ต้องใส่ชุดสูทไหมครับ	파티에 정장을 입고 가야 해요?

ไม่จำเป็นค่ะ ใส่ชุดธรรมดาก็ได้ค่ะ	상관없어요. 평상복도 괜찮아요.
ต้องใส่แบบพิธีการรึเปล่าครับ	차려 입어야 해요?
ต้องใส่ชุดอะไรเหรอคะ	어떤 옷을 입어야 합니까?
ถ้ามีอะไรที่จำเป็นก็บอกนะครับ ผมจะเอาไปเองครับ	필요한 게 있으시면 말씀하세요. 가져갈게요.
ไม่เป็นไรค่ะ ดิฉันจะทำอาหารเองค่ะ	괜찮아요. 제가 음식을 만들 거예요.
เอาอาหารอะไรไปดีครับ	어떤 음식을 가져갈까요?
เอาตามที่คุณต้องการแล้วกันค่ะ	원하시는 대로 가져오세요.
เชิญครับ ขอบคุณที่มานะครับ	어서 오세요. 와 주셔서 고마워요.
ขอต้อนรับสู่บ้านของพวกเรานะครับ	저희 집에 오신 것을 환영합니다.
เชิญค่ะ ตามสบายนะคะ	어서 와요. 편안하게 계세요.
ขอบคุณที่มาร่วมงานนะครับ	참석해 주셔서 감사합니다.
ดีแล้วที่มาค่ะ	잘 오셨어요.
หวังว่าจะถูกใจกับที่นี่นะครับ	이곳이 마음에 드시길 바라요.
เชิญค่ะ กำลังรออยู่พอดีเลยค่ะ	어서 오세요. 기다리고 있었어요.
ตอนมาหาทางไม่ยากใช้ไหมครับ	오는 데 헤매진 않았어요?
แม้ของเล็กน้อยก็ตามขอรับไว้ด้วยนะคะ	별 것 아니지만 받아 주세요.
ลองเปิดดูได้ไหมครับ	열어 봐도 될까요?
ช่วยรับของเล็ก ๆ น้อย ๆ นี้ไว้นะคะ	약소하지만 받아 주세요.
ขอบคุณครับ ของขวัญเลิศมากครับ	좋은 선물 감사합니다.
เป็นของที่กำลังอยากได้พอดีเลยค่ะ	갖고 싶었던 물건이에요.
ของขวัญครับ	선물이에요.
ของขวัญแสดงความยินดีค่ะ	축하 선물이에요.
เป็นของที่กำลังจำเป็นพอดีเลยครับ	필요했던 물건이에요.
เริ่มแล้วเหรอคะ	시작했어요?
กำลังเริ่มนี่แหละครับ	방금 시작했어요.
โชคดีจัง นี่เอาสลัดมาด้วยนะคะ	다행이에요. 샐러드를 가져왔어요.
ผมมาเร็วไปไหมครับ	제가 너무 빨리 왔어요?

ขอโทษที่ทำให้รอนะคะ	기다리게 해서 죄송해요.
ขอโทษที่มาสายครับ	늦어서 죄송합니다.
ก็ไม่ได้สายมากมายค่ะ	그렇게 늦진 않았어요.
เชิญเข้ามานั่งตรงนี้ก่อนครับ	들어와 여기에 앉으세요.
คนอื่นอยู่ที่ห้องรับแขกค่ะ	다른 분들은 거실에 계세요.
เอาเบียร์มาด้วยนะครับ	맥주를 좀 가져왔어요.
ขอแนะนำทั้งหมดแก่คุณค่ะ	모두를 소개할게요.
รู้จักกับเจ้าของได้ยังไงครับ	주인과는 어떻게 아세요?
เป็นเพื่อนมหาวิทยาลัยเดียวกันกับดิฉันค่ะ	저와 대학교 동창이에요.
รู้จักไหมว่าเขาคนนั้นเป็นใครครับ	저 사람이 누군지 아세요?
ดิฉันก็พึ่งรู้จักเป็นครั้งแรกค่ะ	저도 초면입니다.
ความสัมพันธ์แบบว่าถ้าเจอก็แค่ทักทายกันครับ	인사 정도 하는 사이입니다.
จะพาเยี่ยมชมบ้านนะคะ	집을 구경시켜 드릴게요.
อยู่บ้านสวยนะครับ	멋진 집에 사시는군요.
อยากเยี่ยมชมบ้านดิฉันไหมคะ	저희 집 구경하실래요?
บ้านสวยเหลือเกินครับ	집이 아주 멋지군요.
ตกแต่งบ้านได้ดีมากเลยนะคะ	집을 정말 잘 꾸며 놓으셨네요.
มาทานมื้อเย็นที่นี่นะครับ	이리 오셔서 저녁 드세요.
เตรียมไว้เยอะเลยนะคะ	푸짐하군요.
เชิญทานตามสบายครับ	사양 말고 드십시오.
ค่ะ เตรียมไว้เยอะเลยค่ะ ทานเต็มที่เลยนะคะ	네. 많이 준비했으니 마음껏 드세요.
เตรียมอาหารเรียบร้อยแล้วครับ	식사 준비되었습니다.
จะทานอีกหน่อยไหมคะ	좀 더 드시겠어요?
เป็นอาหารที่ผมทำเองครับ	제가 만든 음식이에요.
ถูกปากพอดีค่ะ	입에 딱 맞습니다.
ผมไม่ค่อยมีความรู้เกี่ยวกับอาหารไทย	저는 태국 음식에 대해 아는 것이 별로 없습니다.
ดิฉันไม่ชอบอาหารที่มัน ๆ เกินไปค่ะ	저는 너무 느끼한 음식을 좋아하지 않아요.

ลองทานคุกกี้ดูสิครับ	쿠키 좀 드셔 보세요.
อย่าลังเลเลยค่ะ ทานอีกนะคะ	주저 말고 더 드세요.
จะดื่มอะไรดีครับ	뭘 마시겠어요?
เอาอีกสักแก้วไหมคะ	한 잔 더 하실래요?
เดี๋ยวเอามาให้อีกแก้วนะครับ	한 잔 더 갖다 드릴까요?
รับกาแฟสักแก้วไหมคะ	커피 한잔 하시겠어요?
มีไวน์ไหมครับ	와인 있어요?
ช่วยเอาเครื่องดื่มออกมาหน่อยสิคะ	마실 것 좀 가져다 주세요.
อยากดื่มเบียร์สักหน่อยไหมครับ	맥주 한잔 하고 싶어요?
อาหารโอเคไหมคะ	식사는 잘 하셨어요?
ขอบคุณนะครับ อาหารอร่อยเลยทีเดียวครับ	감사합니다. 음식이 아주 맛있어요.
ดีใจจังที่คุณชมว่าอาหารอร่อยค่ะ	맛있게 드셨다니 기뻐요.
ขอพอแค่นี้ครับ	이만하면 됐습니다.
ทานต่อไม่ไหวแล้วค่ะ	더는 먹을 수가 없어요.
อิ่มแล้วครับ	배불러요.
จะไปแล้วเหรอคะ อยู่ต่ออีกสักหน่อยสิคะ	벌써 가신다고요? 좀 더 계세요.
คงต้องไปแล้วล่ะครับ วันนี้ปาร์ตี้สนุกมากครับ	이제 가야죠. 오늘 파티 정말 즐거웠어요.
ขอบคุณที่มานะคะ	와 주셔서 고마웠어요.
ปาร์ตี้นี้สนุกจังเลยค่ะ	이 파티, 재미있었어요.
สนุกสนานมากครับ	즐거웠어요.
เป็นปาร์ตี้ที่เก๋ไก๋เชียวค่ะ	멋진 파티예요.
เป็นช่วงเวลาที่มีความสุขครับ	즐거운 시간이었어요.
ขอให้กลับโดยปลอดภัยนะคะ	살펴 가세요.
ถ้าว่าง ๆ แวะมาเที่ยวอีกนะครับ	시간 있으시면 또 들러 주세요.
ขอบคุณที่ต้อนรับเป็นอย่างดีค่ะ	환대해 주셔서 감사합니다.
แล้วชวนอีกนะคะ	또 초대해 주세요.
ขอบคุณจริง ๆ นะครับที่ได้ต้อนรับอย่างอบอุ่นในวันนี้	오늘 뜨겁게 환대해 주셔서 정말 감사합니다.

ขอขอบคุณเป็นอย่างยิ่งที่วันนี้ได้จัดงานเลี้ยง
อย่างอบอุ่นเพื่อดิฉันอย่างนี้นะคะ

오늘 저를 위해 이렇게 따뜻한 연회를 베풀어 주셔서
진심으로 감사 드립니다.

16

길, 방향, 여행 묻기

การถามทาง ทิศทาง และการเดินทาง

회화

สุดา สวัสดี มินแจ บ้านคุณอยู่ไกลไหม คุณมามหาวิทยาลัยอย่างไรคะ

쑤다 안녕? 민재. 너의 집은 머니? 학교에 어떻게 와?

มินแจ สวัสดี สุดา บ้านผมอยู่ไกลครับ ต้องเดินไปขึ้นรถเมล์
แล้วไปต่อรถไฟที่สถานีรถไฟใต้ดินลงที่สถานีเวแด แล้วคุณล่ะ

민재 안녕? 쑤다. 나의 집은 멀어. 걸어서 버스를 타야 하고, 그 다음에 지하철역에서 기차를 타고
외대역에서 내리지. 너는?

สุดา บ้านฉันอยู่ไม่ไกล บางทีก็เดินมามหาวิทยาลัย
ถ้าขี้เกียจก็ขึ้นรถเมล์ป้ายเดียวเอง แต่มักจะมาเผื่อไว้

쑤다 나의 집은 멀지 않아. 가끔 학교에 걸어와.
만약 귀찮으면 버스로 한 정류장 타고 가지. 그러나 대개 여유 있게 와.

มินแจ ดีจัง สะดวกมาก

민재 정말 좋구나. 매우 편리해서.

สุดา ใช่ ไม่ถึงสิบนาทีก็ถึงมหาวิทยาลัยแล้ว
คุณใช้เวลาจากบ้านถึงมหาวิทยาลัยนานเท่าไรคะ

쑤다 그래. 십 분도 되지 않아 학교에 도착하거든.
너는 집에서 학교까지 얼마나 걸리니?

มินแจ ถ้ารถไม่ติดก็ประมาณชั่วโมงครึ่ง แต่ถ้ารถติดก็ใช้เวลานานกว่านั้น

민재 만약 차가 밀리지 않으면 대략 한 시간 반, 차가 밀리면 그보다 많이 걸려.

สุดา งั้นเวลาหิมะตก คุณคงลำบาก เพราะรถมักจะติดมาก
쑤다 그럼, 눈이 올 때는 대개 차가 밀려서 아마 힘들겠네.

มินแจ ใช่ครับ ถ้าหิมะตกผมออกจากบ้านแล้วเดินไปจนถึงสถานีรถไฟใต้ดิน
민재 그래. 눈이 오면 집에서 나와 걸어서 지하철역까지 가지.

สุดา ถ้าอย่างนั้นคุณคงต้องตื่นแต่เช้าสินะ
쑤다 그렇다면 아마 아침 일찍 일어나야겠는걸.

มินแจ ก็ถ้ามีเรียนเช้าด้วยแล้ว ต้องรีบหน่อย เพราะรถไฟใต้ดินมีคนแน่นมาก
민재 아침에 수업이 있으면 지하철이 붐벼서 좀 서둘러야 해.

สุดา ถ้ามีรถส่วนตัวก็ดีสินะ
쑤다 자가용이 있으면 좋을 텐데.

มินแจ เวลาผมมีธุระที่ต้องรีบมาก
 บางทีผมก็ขอยืมรถของคุณพ่อมามหาวิทยาลัยเหมือนกัน
민재 내가 아주 급한 일이 있을 때 가끔 아버지 차를 빌려 학교에 가곤 해.

มินแจ นี่คุณสุดา เราชวนเพื่อน ๆ ไปเที่ยวด้วยกันไหมครับ
민재 이봐요! 쑤다 씨! 우리 친구들에게 권해서 함께 놀러 갈래요?

สุดา อยากไปเที่ยวที่ไหนล่ะคะ
쑤다 어디로 놀러 가고 싶으세요?

มินแจ คุณชอบไปทะเล หรือว่าภูเขาล่ะครับ
민재 당신 바다를 좋아해요? 산을 좋아해요?

สุดา ชอบทะเลมากกว่า แต่ขอถามเพื่อน ๆ ก่อนว่าอยากไปที่ไหนดี
쑤다 바다를 더 좋아해요. 그렇지만 친구들에게 어디 가고 싶은지 먼저 물어봅시다.

มินแจ ผมว่าก็ดีเหมือนกัน ถามกันก่อน

민재   저 역시 좋아요. 먼저 물어보죠.

สุดา ฉันถามเพื่อนแล้ว เพื่อนบอกว่าอยากไปทะเลค่ะ
คุณรู้จักชายหาดที่ไหน สวยงามและสะอาดไหมคะ

쑤다   제가 친구들에게 물어보았는데, 바다를 가고 싶다고 하네요.
당신 어느 해변을 아세요? 멋있기도 하고 깨끗하기도 하나요?

มินแจ ผมชอบอยู่ที่หนึ่ง ชายหาด นักซัน จังหวัด คังวอน อยู่ไกลหน่อย
แต่รับรองว่าสวยมาก

민재   제가 한 군데를 좋아하는데, 강원도 낙산 해변이에요.
좀 멀긴 하지만 아주 아름다운 곳이라는 것은 보증합니다.

สุดา มีที่พักสะดวกสบายไหมคะ

쑤다   편안한 숙소는 있나요?

มินแจ มีครับ อยู่ติดชายทะเลเลย และสะอาดด้วย ผมว่าเพื่อน ๆ ต้องชอบแน่ ๆ

민재   있어요. 바닷가와 접해 있어요. 그리고 깨끗하기도 하고요.
친구들이 분명히 좋아할 거예요.

สุดา ดีจังเลย อาหารล่ะคะ มีร้านให้เลือกทานหลายร้านหรือเปล่า
หรือว่าต้องทำทานเองคะ

쑤다   정말 좋네요. 음식은요? 여러 가지 음식을 골라 먹을 수 있는 가게도 있습니까?
아니면 해 먹어야 하는지요?

มินแจ เรามีที่จะกินได้ แถว ๆ นั้น มีร้านอาหารให้เลือกทานได้
มากมายเลย ส่วนใหญ่เป็นร้านอาหารทะเล ราคาไม่แพง
และผมว่าน่าจะมีรสชาติดีนะครับ

민재   우리는 먹을 수 있는 곳이 있어요. 그 지역에는 음식을 골라 먹을 가게가 많이 있어요.
대부분 sea food 가게입니다. 가격도 비싸지 않아요.
제가 생각하기에 맛도 좋을 거예요.

สุดา   ที่นั่นมีสถานที่ท่องเที่ยวอะไรบ้างคะ

쑤다   그곳에는 어떤 관광지가 있나요?

มินแจ   ระหว่างทางที่ไป เราจะไปไหว้พระที่วัด วอลจอง ซึ่งอยู่บนภูเขา โอแด แล้วใกล้ ๆ กับที่พัก ก็มีภูเขา ซอลอัก คนเกาหลีชอบไปเที่ยวภูเขา ซอลอัก ตอนฤดูใบไม้ร่วง เพราะว่าใบไม้เปลี่ยนสีต่าง ๆ จำได้ว่าในชีวิตผม ไม่เคยเห็นใบไม้สวยกว่าดอกไม้เลยครับ

민재   가는 도중에 오대산에 있는 월정사에 참배하러 갈 거예요.
그리고 숙소 근처에 설악산이 있는데, 한국인들은 가을에 설악산에 가는 것을 좋아합니다.
왜냐하면 여러 가지 색으로 단풍이 들기 때문이지요.
제 인생에서 꽃보다 아름다운 나뭇잎을 본 경험이 없는 것으로 기억해요.

สุดา   คงสนุกเชียว มินแจรู้ดีสมกับเป็นคนเกาหลี
เดี๋ยวถามเพื่อนให้แน่นอนว่าจะไปกันกี่คนก่อนนะคะ
วันเสาร์อาทิตย์ที่จะถึงนี้น่าจะไปด้วยกันหลายคน แล้วจะได้จองห้องพักค่ะ

쑤다   아마 재미있겠네요. 민재는 한국인답게 잘 아네요. 우선 친구들에게 몇 명이 갈지를 분명하게 물어봐야겠어요. 이번 주말에 여러 명이 갈 것 같아요. 그리고 숙소를 예약할게요.

มินแจ   เราจะไปรถทัวร์กันดีไหม หรือว่าจะขับรถไปกัน

민재   관광버스로 갈까요? 차를 운전해서 갈까요?

สุดา   คิดว่าไปรถตู้ด้วยกันน่าจะสะดวกกว่า งั้นฉันจะโทรศัพท์คุยกับเพื่อนเพื่อ นัดหมายกันนะคะ อย่างน้อยควรจะจองไว้ 2 วันก่อน

쑤다   밴으로 가는 것이 더 편리할 거라고 생각하는데요.
그러면 제가 친구들에게 전화로 얘기해서 약속을 잡을게요. 적어도 2일 전에는 예약을 해야 해요.

단어 학습

ทิศทาง 방향 ▮ เดินทาง 여행하다 ▮ ไกล 멀다 ▮ เดินไป 걸어가다 ▮ ขึ้นรถเมล์ 버스에 타다
สถานีรถไฟใต้ดิน 지하철역 ▮ ขี้เกียจ 게으르다, 귀찮다 ▮ ป้าย 간판, 표지판 ▮ สะดวก 편리하다 ▮ นาที 분(分)
ใช้เวลา 시간이 걸리다, 소요되다 ▮ ประมาณ 대략, 약 ▮ รถติด 차가 밀리다, 혼잡하다 ▮ หิมะ 눈
ออก 출발하다, 나가다 ▮ แน่น 붐비다, 혼잡하다 ▮ ส่วนตัว 개인의 ▮ ธุระ 일, 용무 ▮ ยืม 빌리다 ▮ ทะเล 바다
ชายหาด 해변가 ▮ รับรอง 보증하다, 보장하다, 증명하다 ▮ ที่พัก 숙소 ▮ เลือก 선택하다, 고르다, 뽑다
แถว 근처, 지역 ▮ สถานที่ท่องเที่ยว 관광지 ▮ ไหว้ 절하다, 인사하다 ▮ ฤดูใบไม้ร่วง 가을 ▮ ใบไม้ 나뭇잎
ต่าง ๆ 여러 가지 ▮ สนุก 재미있다, 흥겹다 ▮ จอง 예약하다 ▮ รถทัวร์ 관광버스, 고속버스 ▮ รถตู้ 봉고차, 밴, 승합차
อย่างน้อย 최소한

---

01   เผื่อไว้, เผื่อเหลือเผื่อขาด, สำรองไว้   넉넉하게, 여유 있게

เวลาเดินทางไปต่างประเทศต้องนำเงินติดตัวไปเผื่อเหลือเผื่อขาด
외국에 갈 때는 여비를 넉넉하게 가지고 가야 합니다.

ขอให้ตัดเสื้อเผื่ออ้วนไว้หน่อย
넉넉한 크기로 옷을 만들어 주세요.

---

02   จาก   ···부터

จากกรุงเทพถึงกรุงโซลนั่งเครื่องบินใช้เวลาประมาณ ๖ ชั่วโมง
방콕에서 서울까지는 비행기로 대략 6시간 소요된다.

ผมเพิ่งมาจากต่างจังหวัดเดี๋ยวนี้
나는 지금 지방에서 방금 왔습니다.

---

03   มีทางที่จะ...ได้   ···할 길(방도)이 있다

เรื่องนี้มีทางที่จะแก้ไขได้หลายอย่าง
이 문제는 여러 가지 방법으로 해결할 길이 있다.

ไปแจ้งความของหายที่สถานีตำรวจก็พอจะมีทางที่จะได้รับของคืน
경찰서에 가서 분실 신고를 하면 그 물건을 찾을 길이 있을 겁니다.

---

04   สมกับ, สมจริงดัง   ···답게

เขารอบรู้สมกับเป็นศาสดาผู้ยิ่งใหญ่
그는 대학자답게 박식하다.

เขามีเหตุผลสมจริงดังเป็นนักกฎหมาย
법률가답게 그는 사리에 밝다.

05   **หรือ, หรือว่า**   혹은

คุณจะเรียนอักษรศาสตร์หรือวิทยาศาสตร์
> 너는 문과를 공부할 것이냐? 이과를 공부할 것이냐?

ดิฉันยังไม่ตัดสินใจว่าจะเรียนต่อหรือว่าจะเข้าทำงาน
> 나는 계속 공부를 해야 할지 혹은 취직을 해야 할지 아직 결정을 못했다.

06   **อย่างน้อย**   최소한

อย่างน้อยเขาได้เรียนภาษาไทยมาแล้วเป็นเวลา 2 ปี
> 그는 태국어를 배운 지 최소한 2년 되었다.

เรารับประทานอาหารแป้งสับดาห์ละ ๒ ครั้งเป็นอย่างน้อย
> 우리는 일주일에 최소한 두 번 분식을 먹는다.

다음 문장을 태국어로 바꾸어 쓰시오.

01 음식을 넉넉하게 준비했으니 많이 드세요.

02 오랫동안 만나지 못했던 태국에 있는 친구로부터 이메일을 받았다.

03 그 회사에 취직하면 태국에서 일할 수 있는 방법이 있을 것입니다.

04 그는 유명한 교수답게 업적이 매우 많다.

05 요즘 신세대들은 도시에서 일을 하거나, 혹은 더 나은 수입이 있는 직업을 구하기 위해 농사일을 하는 직업을 버리려는 경향이 있다.

06 나는 적어도 한 달에 한 번 시골에 계신 부모님을 뵈러 간다.

รถบัสลีมูซีนที่ไปโรงแรมเจ้าพระยาต้องขึ้นที่ไหนครับ	짜오프라야 호텔에 가는 리무진 버스는 어디서 타요?
ออกประตู 10 ไปก็จะเจอค่ะ	10번 출구로 가시면 있습니다.
ประชาสัมพันธ์อยู่ที่ไหนครับ	안내소는 어디에 있어요?
ห้องน้ำสาธารณะอยู่ที่ไหนคะ	공중화장실은 어디에 있어요?
รถแท็กซี่เข้าเมืองต้องนั่งที่ไหนครับ	시내로 들어가는 택시는 어디서 타요?
รถไฟใต้ดินต้องขึ้นที่ไหนคะ	지하철은 어디서 타요?
สามารถเช่ารถได้ที่ไหนครับ	렌터카는 어디서 빌려요?
ที่รอสำหรับคนมารับผู้โดยสารอยู่ที่ไหนคะ	마중 나온 사람들이 기다리는 곳은 어디예요?
ที่ที่สามารถยืมโทรศัพท์มือถืออยู่ที่ไหนครับ	핸드폰을 빌릴 수 있는 곳은 어디예요?
อยากเปิดโรมมิ่งบริการโทรต่างประเทศค่ะ	로밍 서비스를 신청하고 싶어요.
ขอโทษครับ ผมหลงทาง ช่วยด้วยครับ	실례합니다. 길을 잃었어요. 도와 주세요.
ที่ที่ดิฉันอยู่ตอนนี้ คือที่ไหนคะ	제가 지금 있는 곳이 어디예요?
ตรงนี้คือที่ไหนในแผนที่นี้ครับ	여기가 이 지도에서 어디예요?
ที่อยู่นี้ คือที่นี่ใช่ไหมคะ	이 주소가 여기예요?
เหมือนว่าพวกเราจะมาผิดทางค่ะ	우리가 길을 잘못 들었나 봐요.
ห้างสรรพสินค้าอยู่ที่ไหนครับ	백화점은 어디에 있습니까?
เดินตรงไปข้างหน้าค่ะ	앞으로 곧장 걸어가세요.
แถว ๆ นี้มีห้างสรรพสินค้าไหมครับ	이 근처에 백화점이 있어요?
กรุณาบอกทางไปสถานีรถไฟใต้ดินค่ะ	지하철역까지 가는 길을 가르쳐 주세요.
ขอโทษนะครับ ทางนี้สามารถไปถึงสถานีรถไฟใต้ดินได้ไหมครับ	실례지만 지하철역까지 이 길로 가면 됩니까?
ถ้าไม่เหลือบ่ากว่าแรงรบกวนพาดิฉันไปที่นั่นหน่อยได้ไหมคะ	괜찮으시다면 저를 그곳까지 데려다 주시겠어요?
ทางเดียวกันครับ ไปด้วยกัน	저도 방향이 같아요. 같이 가요.

ขอโทษนะคะ ดิฉันก็ไม่ทราบค่ะ	죄송합니다만 저도 잘 몰라요.
เดินไปใช้เวลาเท่าไหร่ครับ	걸어서 얼마나 걸려요?
เดินไปใช้เวลา 30 นาทีค่ะ	걸어서 삼십 분 걸려요.
สามารถเดินไปได้ไหมครับ	걸어서 갈 수 있을까요?
ไปถึงที่โน้นใช้เวลาเท่าไหร่คะ	거기까지 가는 데 얼마나 걸릴까요?
เดินทางโดยรถยนต์ใช้เวลาประมาณ 10 นาทีครับ	차로 대략 십 분 정도 걸려요.
ป้ายรถเมล์อยู่ไกลจากนี้ไหมคะ	버스 정류장까지 멉니까?
สามารถไปได้เร็วที่สุดโดยวิธีใดครับ	가장 빨리 가는 방법은 뭐예요?
แท็กซี่เร็วสุดค่ะ	택시가 가장 빠르죠.
ที่อยู่นี้ไปอย่างไรครับ	이 주소로 어떻게 가요?
ขอโทษค่ะ สามารถวาดแผนที่ให้หน่อยได้ไหมคะ	죄송하지만 약도를 좀 그려 주시겠어요?
เป็นทางตรงข้ามครับ	반대 방향인데요.
มาทางผิดแล้วค่ะ	길을 잘못 들었네요.
ช่วยไปเร็ว ๆ หน่อยครับ ไปตามที่อยู่นี้ครับ	빨리 가 주세요. 이 주소로 가 주세요.
สายแล้วค่ะ รีบ ๆ หน่อยค่ะ	늦었어요. 서둘러 주세요.
ช่วยไปทางที่เร็วที่สุดครับ	제일 빠른 길로 가 주세요.
จะให้จอดที่ไหนคะ	어디에 내려 드릴까요?
ช่วยจอดให้ลงตรงทางเข้าครับ	입구에 내려 주세요.
ช่วยจอดที่นี่ค่ะ	여기에 세워 주세요.
ช่วยจอดที่นี่ตรงไหนก็ได้ครับ	여기 아무 데서나 내려 주세요.
ขอลงแยกหน้าค่ะ	다음 건널목에서 내릴게요.
ช่วยจอดตรงโน้นแป๊บนึงครับ	저기서 잠깐 서 주세요.
ช่วยเปิดท้ายรถหน่อยได้ไหมคะ	트렁크를 열어 주시겠어요?
ผมจะเอากระเป๋าออกครับ	제 가방을 꺼낼게요.
ไม่มีเงินย่อยเหรอคะ	잔돈 없으세요?
เงินทอนไม่พอครับ	거스름돈이 모자랍니다.

มิเตอร์ค่ารถขึ้นสูงมากค่ะ	요금이 너무 많이 나왔어요.
เหมือนว่าค่ารถจะผิดพลาดครับ	요금이 잘못된 것 같아요.
ค่ารถแพงกว่าระยะทางจริงค่ะ	거리에 비해 요금이 비싸요.
ตอนกลางคืนต้องจ่ายค่ารถเพิ่มไหมครับ	밤에는 요금을 더 내야 해요?
รถเมล์ไปศาลากลางต้องขึ้นที่ไหนคะ	시청 가는 버스는 어디에서 타요?
รถเมล์คันไหนไปศาลากลางครับ	어떤 버스가 시청에 가요?
ขึ้นเบอร์ 12 ค่ะ	12번 버스를 타세요.
จะเข้าเมืองต้องขึ้นรถเมล์คันไหนครับ	시내로 가려면 어느 버스를 타야 해요?
จะถึงกรุงเทพประมาณกี่โมงคะ	방콕에는 언제쯤 도착할까요?
ถ้าจะไปพิพิธภัณฑ์แห่งชาติต้องลงรถที่ไหนครับ	국립박물관에 가려면 어디서 내려야 해요?
ป้ายรถเมล์หน้าเป็นที่ไหนเหรอคะ	다음 정류장은 어디예요?
เหลืออีกกี่ป้ายกว่าจะถึงศาลากลางครับ	시청까지 몇 정거장 남았어요?
ต้องเปลี่ยนสายที่ไหนครับ	어디서 갈아타야 해요?
เปลี่ยนสายตรงป้ายนี้ค่ะ	이번 정류장에서 내려 갈아타세요.
รถเมล์ไม่ไปถึงที่นั่นค่ะ	그곳은 버스가 가지 않아요.
ตอนนี้ประกาศว่าสถานีไหนนะครับ	지금 안내 방송에서 무슨 역이라고 했어요?
ถ้าจะไปหอสมุดแห่งชาติต้องขึ้นสายอะไรคะ	국립도서관으로 가려면 몇 호선을 타야 해요?
ต้องเปลี่ยนสายไหมครับ	바꿔 타야 해요?
ต้องเปลี่ยนสายตรงสถานีไหนคะ	어느 역에서 갈아타야 해요?
สถานีหน้าคือสถานีอะไรครับ	다음 역은 어디예요?
ที่นี่เบียดเสียดมากค่ะ	여기는 혼잡하네요.
ทางออกที่หนึ่งอยู่ที่ไหนครับ	1번 출구가 어디예요?
ตั๋วขาเดียวหรือตั๋วไปกลับคะ	편도예요? 왕복이에요?
ตั๋วถูกจำหน่ายหมดแล้วครับ	표가 다 매진되었어요.
ลดราคาสำหรับนักเรียนไหมคะ	학생 할인 돼요?
มีบัตรสมาชิกครับ	회원 카드가 있어요.
อยากระบุที่นั่งค่ะ	좌석을 지정하고 싶어요.

ตกรถไฟครับ	기차를 놓쳤어요.
สามารถยกเลิกตั๋วนี้ได้ไหมคะ	이 표를 취소할 수 있을까요?
เลยที่ที่จะลงแล้วครับ	내릴 곳을 지나쳤습니다.

17

การแนะนำสถานที่ท่องเที่ยวต่าง ๆ

회화

สุดา　**วันนี้มีเวลาว่างไหมคะ**
쑤다　오늘 시간 있어요?

มินแจ　**วันนี้ว่างครับ สุดา มีอะไรหรือเปล่าครับ**
민재　오늘은 한가해요. 쑤다 무슨 일 있어요?

สุดา　**ดิฉันอยากจะชวนคุณไปเที่ยววัดพระแก้วค่ะ**
쑤다　프라깨우 사원에 놀러 가자고 권하고 싶네요.

มินแจ　**ไปสิครับ อยากไปเหมือนกัน**
민재　갑시다. 역시 가고 싶었어요.

สุดา　**มินแจ รู้ไหมว่าในวัดพระแก้วมีสถานที่สำคัญอะไรบ้างคะ**
쑤다　민재! 프라깨우 사원에 어떤 중요한 곳이 있는지 아세요?

มินแจ　**ผมพอจะทราบนิดหน่อยครับ ในวัดพระแก้วมีสิ่งสำคัญคือ
พระแก้วมรกตซึ่งเป็นพระพุทธรูปคู่บ้านคู่เมืองที่สำคัญของไทย**
민재　어느 정도는 알고 있어요. 프라깨우 사원에 중요한 것이 있는데, 즉 태국의 중요한 해자 불상인
에메랄드 불상이죠.

สุดา　**คุณเคยเห็นรูปไหม**
쑤다　당신 본 적 있어요?

มินแจ   **ผมเคยเห็นในรูป องค์ที่มีสีเขียวใช่ไหม**

민재   사진에서 봤어요. 초록색 불상이죠?

สุดา   **ใช่ค่ะ เป็นที่เคารพสำหรับคนไทยมาก**
นอกจากนี้ยังมีภาพเขียนที่ผนังบริเวณทางเดินรอบ ๆ

쑤다   맞아요. 태국인들이 매우 존경하죠. 그 외에도 주변 복도의 벽에 그림들이 있어요.

มินแจ   **ผมก็เคยเห็นภาพ สวยมาก ได้ยินว่ามาจากเรื่องรามเกียรติ์**

민재   저도 그림을 본적이 있어요. 아주 아름다워요.
라마끼얀 이야기에서 온 것이라고 들었어요.

สุดา   **ฉันก็ได้ยินว่าอย่างนั้นเหมือนกัน**
แล้วยังมีปราสาทอีกหลายองค์ที่สวยงามมาก

쑤다   저도 역시 그렇게 들었어요.
그리고 아주 아름다운 여러 곳의 궁전도 있어요.

มินแจ   **ควรเอาร่มไปด้วยใช่ไหม เพราะแดดคงจะร้อนมาก**

민재   햇볕이 매우 따가워서 우산을 가져가야 하죠?

สุดา   **มีร่มจะดีกว่า เพราะจะเดินไปชมหมู่พระปรางค์ด้วย**

쑤다   걸어서 여러 파고다를 구경해야 하니 우산이 있는 것이 좋겠네요.

มินแจ   **อ้อ...มีรูปปั้นยักษ์และอื่น ๆ ด้วย**
แล้วเราต้องเสียเงินค่าเข้าชมหรือเปล่า

민재   어! 장승(도깨비) 동상과 다른 것들도 있네요?
우리 관람료를 내야 하나요?

สุดา   **ชาวต่างชาติเสียคนละ 350 บาท**
แต่คุ้มมาก ฉันคิดว่าคงต้องเดินพอสมควร
คงมีของเก่าที่เสียค่าชมหลายอย่างทีเดียว

쑤다   외국인은 한 사람당 350바트를 내요. 그러나 그 정도의 가치가 있습니다.
어느 정도는 걸어야 해요. 아마도 관람료를 내고 보는 옛날 유물이 많이 있을 거예요.

มินแจ | **คุณชอบของเก่าหรือครับ ผมก็ชอบ**
민재 | 당신 옛날 유물을 좋아해요? 저도 좋아합니다.

สุดา | **งั้นเราไปเดินชมวัดพระแก้วกันเถอะ**
쑤다 | 그럼, 걸어서 프라깨우 사원 보러 가죠.

มินแจ | **เราไปซื้อบัตรด้วยกันก่อนนะครับ**
민재 | 먼저 표를 사러 가죠.

สุดา | **ดีค่ะ เราไปกันเถอะ**
쑤다 | 좋아요. 갑시다.

- -

มินแจ | **วันนี้ผมจะนำเที่ยวเมืองโซลนะครับ**
민재 | 오늘 제가 서울 시내를 안내하겠습니다.

สุดา | **ขอบคุณค่ะ ทั้ง ๆ ที่มีงานยุ่ง**
쑤다 | 바쁘신데 고맙습니다.

มินแจ | **ไปตลาดดง แด มุน ก่อนนะครับ หวังว่าจะได้ประสบการณ์ดี**
นี่เป็นตลาดใหญ่ที่สุดในประเทศเกาหลี มีร้าน ประมาณ 1,000
กว่าร้านที่เป็นศูนย์กลางขายพวกเสื้อผ้าและขายของต่าง ๆ
อีกหลายอย่าง
민재 | 먼저 동대문 시장에 가도록 하지요. 좋은 경험이 되리라 기대됩니다.
여기가 한국에서 가장 큰 동대문 시장입니다.
의류를 중심으로 여러 가지 다양한 물건들을 파는 가게가 약 1,000개 이상 있습니다.

สุดา | **โอ้โฮ ใหญ่มากทีเดียว ที่ประเทศไทยก็มีตลาดคล้ายอย่างนี้แต่ไม่ใหญ่**
เท่าขนาดนี้ แล้วก็มีชีวิตชีวามากทีเดียวด้วย
쑤다 | 와, 굉장히 크군요. 태국에도 이와 비슷한 시장이 있습니다만 이렇게 크지는 않습니다.
게다가 굉장히 활기가 넘치는군요.

มินแจ   **ในเมืองเกาหลีส่วนใหญ่มีตลาดอย่างนี้**

민재   한국의 시내에는 대개 이런 시장이 있습니다.

สุดา   **ราคาถูกไหมคะ**

쑤다   값은 싼가요?

มินแจ   **แล้วแต่ต่อราคา ถ้าเป็นไปได้ซื้อถูกเท่าที่จะลดได้ก็ถือว่ามีฝีมือนะครับ**

민재   흥정하기 나름입니다. 가능한 한 깎아서 싸게 사는 게 솜씨이지요.

สุดา   **ถูกต้องค่ะ ซื้อถูกเท่าที่จะทำได้ก็สมควรแล้ว**
      ถนนนี้เต็มไปด้วยแผงขายของที่น่ากิน

쑤다   맞아요. 가능한 한 싸게 사는 것이 당연해요.
      이 도로는 맛있어 보이는 것을 파는 노점들로 가득 찼군요.

มินแจ   **กินตอนกำลังซื้อของก็อร่อยดี ลองทานโอเด้งอันนี้ไหมครับ**
      ทานตอนหนาวก็เหมาะสมดี

민재   쇼핑을 하면서 먹는 게 맛있습니다. 이 오뎅을 좀 먹어 볼까요?
      추울 때 먹으면 제격입니다.

สุดา   **อร่อยจริง ๆ รู้สึกไม่เสียแรงที่ได้มาซื้อของ**

쑤다   정말 맛있어요. 쇼핑하러 온 보람이 있네요.

단어 학습

สถานที่ 장소, …곳 ▮ ว่าง 한가하다, 비다 ▮ วัดพระแก้ว 프라깨우(에메랄드) 사원 ▮ มรกต 에메랄드
พระพุทธรูป 불상 ▮ คู่บ้านคู่เมือง 해자 ▮ รูป 그림, 사진 ▮ องค์ 유별사, (국왕, 부처를 셀 때 사용)
สีเขียว 초록색 ▮ เคารพ 존경하다 ▮ ภาพเขียน 그림 ▮ ผนัง 벽 ▮ บริเวณ 지역, 주변 ▮ ทางเดิน 복도
รอบ 주위, 둘레 ▮ รามเกียรติ์ 라마끼얀 (인도의 대 서사시 라마야나의 태국판 이름) ▮ ปราสาท 궁전, 왕궁
ร่ม 우산 ▮ แดด 햇볕 ▮ รูปปั้น 동상 ▮ ยักษ์ 장승(도깨비) ▮ เสียเงิน 돈을 내다 ▮ ค่าเข้าชม 관람료
คุ้ม 수지에 맞다, 가치가 있다 ▮ ของเก่า 유물 ▮ บัตร 표, 티켓 ▮ นำเที่ยว 관광 안내하다
ยุ่ง 바쁘다, 참견하다, 간섭하다 ▮ ได้ประสบการณ์ 경험하다 ▮ ศูนย์กลาง 중심지, 센터
ขนาด 크기, 정도, 사이즈(size) ▮ มีชีวิตชีวา 활기차다 ▮ ต่อราคา 흥정하다 ▮ เป็นไปได้ 가능하다
ฝีมือ 솜씨, 기술 ▮ แผงขายของ 노점상 ▮ ลอง 해 보다, 시도하다

01 **พอสมควร** 충분히   **พอ** ⋯하자마자

เขามีความรู้เกี่ยวกับเศรษฐกิจไทยพอสมควร
> 그는 태국 경제에 관해 충분한 지식을 가지고 있다.

พอพบคุณแม่ที่พลัดพรากจากกันมาตั้ง 10 ปี เขาก็ร้องไห้ทันที
> 10년 동안이나 헤어졌던 어머니를 만나자마자 그는 즉시 울음을 터뜨렸다.

พอเขาถูกปลดจากทหารก็เข้าทำงานในบริษัทการค้า
> 그는 군에서 제대하자마자 무역회사에 취직했다.

02 **ทั้ง ๆ ที่** ⋯에도 불구하고

เขาเป็นคนขี้เหนียวทั้ง ๆ ที่ มีเงินมากมาย
> 그는 돈이 많은데도 불구하고 인색하다.

ในที่สุดเพื่อนผมก็ไม่ประสบความสำเร็จทั้ง ๆ ที่ใช้ความพยายามถึงเพียงนั้น
> 그 정도 노력을 했는데도 불구하고 결국 내 친구는 성공을 이루지 못했다.

03 **ขนาด** ⋯할 정도의

คนนั้นเป็นอาจารย์ที่มีชื่อเสียงขนาดไม่มีใครที่ไม่รู้จัก
> 그는 모르는 사람이 없을 정도로 유명한 교수입니다.

เขาช่วยเหลือผมขนาดผมไม่รู้เรื่องอะไรเลย
> 나는 전혀 아무것도 모르는데도 불구하고 그는 나를 도와 주었다.

04 แล้วแต่ ···에 달려 있다, ···대로, ···에 따라

จะไปดูหนังหรือจะไปเที่ยวที่อื่นก็แล้วแต่คุณ
영화 보러 가든 다른 곳으로 놀러 가든 당신 마음대로 하세요.

จะแต่งงานกับเธอหรือไม่นั้นแล้วแต่การตัดสินใจของผม
그녀와 결혼하건 안 하건 내 마음에 달려 있다.

05 เป็นไปได้ 가능하다

เกาหลีใต้กับเกาหลีเหนือเป็นเชื้อชาติเดียวกันฉะนั้นจึงมีความเป็นไปได้ที่จะรวมกันสักวันหนึ่ง
남한과 북한은 한 민족이기 때문에 언젠가 통일할 가능성이 있다.

เขาเรียนหนังสือได้คะแนนดีมาตลอดจึงเป็นไปได้ที่จะสอบเข้ามหาวิทยาลัย
그는 늘 공부를 잘해 좋은 성적을 받았기 때문에 대학 입학이 가능하다.

06 เหมาะสม 적합하다, 어울리다

อากาศหนาวเกินไปจึงไม่เหมาะที่จะท่องเที่ยว
날씨가 너무 추워 놀러 가기에는 적합하지 않다.

เสื้อตัวนี้เหมาะสมกับคุณ
이 옷은 당신에게 어울립니다.

07 (ก็)สมควรแล้ว 당연하다

ที่เขาไม่สมหวังก็สมควรแล้ว
그가 실패한 것은 당연하다.

ที่เด็กอยากจะเล่นก็สมควรแล้ว
아이가 놀고 싶어하는 것은 당연하다.

08 **เต็มไปด้วย**　…로 가득 차다

ในห้องสมุดของเขาเต็มไปด้วยหนังสือโบราณ
그의 서재에는 고대 서적으로 가득 차 있다.

จิตใจของเขาเต็มไปด้วยความโลภและความฟุ้งเฟ้อ
그의 마음은 욕망과 허영심으로 가득 차 있다.

09 **ไม่เสียแรง, ไม่เสียเที่ยว**　보람을 느끼다, 노력이 헛되지 않다

ไม่เสียแรงที่ได้เลี้ยงลูก ๆ จนโต
자식들을 성장하게 키운 보람이 있다.

ไม่เสียแรงที่อุตสาห์ฝ่าอุปสรรคทั้งหลายเดินทางไปเรียนต่อที่ประเทศไทย
모든 난관을 무릅쓰고 태국에 가서 공부한 보람을 느낀다.

연습문제

다음 문장을 태국어로 바꾸어 쓰시오.

01 수업이 끝나자마자 학생들은 모두 집에 돌아갔다.

02 오늘 일요일인데도 불구하고 그는 회사에 출근했다.

03 그는 누구나 칭찬할 정도로 수재이다.

04 승객의 안전은 운전자의 안전 운행에 달렸다.

05 가능하다면 저의 동생을 당신의 회사에 채용해 주시기를 부탁 드립니다.

06 우리는 기후 상황에 적합하게 행동해야 한다.

07 그가 유명한 회사에 입사했다는 것은 당연하다.

08 물고기의 살은 단백질, 지방, 그리고 여러 광물질로 가득 차 있다.

09 많은 제자들이 태국에서 일을 해서 태국어를 가르친 보람이 있다.

มีแผนที่ของเมืองนี้ไหมครับ	이 도시의 지도가 있어요?
เมืองนี้มีแหล่งท่องเที่ยวมีชื่อที่ไหนบ้างคะ	이 도시의 관광 명소에는 어떤 것이 있어요?
ต้องไปวัดพระแก้วครับ	프라깨우 사원은 꼭 가 보세요.
ศูนย์แนะนำแหล่งท่องเที่ยวอยู่ที่ไหนคะ	관광 안내소가 어디예요?
ต้องการข้อมูลการท่องเที่ยวครับ	관광 정보가 필요해요.
ขอคู่มือแนะนำการท่องเที่ยวเล่มหนึ่งค่ะ	관광 안내 책자 하나 주세요.
ขอแผนที่ในเมืองสักฉบับได้ไหมครับ	시내 지도를 하나 가져도 될까요?
มีโปรแกรมทัวร์ไหมคะ	관광 여행 프로그램이 있어요?
มีไกด์ภาษาเกาหลีไหมครับ	한국어 안내원이 있어요?
แถว ๆ นี้มีที่ที่น่าเที่ยวไหมคะ	근처에 구경할 만한 장소가 있어요?
ไม่มีที่อื่นที่น่าเที่ยวอีกเหรอครับ	관광할 만한 다른 곳은 없어요?
ที่กรุงเทพอะไรมีชื่อเสียงที่สุดคะ	방콕에서 가장 유명한 것은 무엇입니까?
ผลิตภัณฑ์ขึ้นชื่อของท้องถิ่นนี้ คืออะไรครับ	이 고장 특산물은 뭐예요?
อะไรที่มีชื่อเสียงที่สุดคะ	어떤 것이 가장 인기가 있어요?
ช่วยแนะนำวิธีการท่องเที่ยวที่มีคุณค่าหน่อยครับ	알차게 여행하는 방법을 알려 주세요.
มีวิธีท่องเที่ยวที่ประหยัดงบได้อย่างไรบ้างคะ	값싸게 여행하는 방법은 뭐예요?
วันหยุดชั่วคราวเมื่อไหร่เหรอครับ	휴관일이 언제예요?
ค่าทัวร์นี้เท่าไหร่คะ	이 관광은 비용이 얼마예요?
ค่าเข้าเท่าไหร่ครับ	입장료는 얼마예요?
ผู้ใหญ่ห้าร้อยบาท เด็กสองร้อยบาทค่ะ	어른은 500바트, 아이는 200바트입니다.
ผู้ใหญ่สอง เด็กหนึ่งครับ	어른 둘, 아이 하나요.
คนละเท่าไหร่คะ	한 사람당 얼마예요?
ลดให้นักเรียนไหมครับ	학생 할인이 돼요?
จะออกกี่โมงคะ	몇 시에 떠나요?

โปรแกรมท่องเที่ยวนี้ใช้เวลานานเท่าไหร่ครับ	이 여행 프로그램은 시간이 얼마나 걸려요?
สิ่งที่ต้องเตรียมไว้ก่อนมีอะไรบ้างคะ	미리 준비해야 할 것이 있어요?
ช่วยเตรียมครีมกันแดด หมวกและน้ำมาด้วยนะครับ	선크림과 모자, 그리고 물을 준비해 오세요.
เจอกันที่ไหนเมื่อไหร่คะ	언제, 어디에서 만나요?
เป็นโปรแกรมที่แวะกรุงเทพด้วยไหมครับ	방콕도 거쳐 가는 프로그램이에요?
จะมารับที่โรงแรมไหมคะ	호텔에서 마중해 주시겠어요?
รถบัสท่องเที่ยวออกทุกสามสิบนาทีครับ	삼십 분마다 관광버스를 운행해요.
เวลาทัวร์รอบหน้าเมื่อไหร่คะ	다음 여행 시간은 몇 시예요?
จะกลับมากี่โมงครับ	몇 시에 돌아와요?
ตั้งแต่กี่โมงถึงกี่โมงคะ	몇 시부터 몇 시까지 해요?
มีโปรแกรมทุกวันไหมครับ	프로그램은 매일 있어요?
สามารถเที่ยวกลางคืนได้ด้วยไหมคะ	야간에도 할 수 있어요?
เป็นราคาที่รวมค่าอาหารรึยังครับ	식사가 포함된 가격이에요?
ค่าใช้จ่ายส่วนตัวเท่าไหร่คะ	개인 비용은 얼마예요?
ทัวร์นี้จำเป็นต้องมีประกันชีวิตไหมครับ	이 여행에는 보험이 필요해요?
ให้เวลาเที่ยวตามอัธยาศัยไหมคะ	자유 시간을 줘요?
สนุกมากครับ	아주 재미가 있었어요.
ดูยิ่งใหญ่จริง ๆ ค่ะ	정말 어마어마하군요.
วันนี้คนเยอะจริง ๆ ครับ	오늘 사람들이 참 많아요.
อลังการมากค่ะ	장엄하네요.
จะจอดรถ 20 นาที กรุณาเข้าห้องน้ำก่อนให้เรียบร้อยครับ	이십 분 동안 정차할 것이니 화장실 다녀오세요.
ช่วยฟังคำแนะนำของไกด์อย่างตั้งใจด้วยค่ะ	안내자 말에 귀 기울여 주세요.
ตามผมมาครับ	저를 따라오세요.
โปรแกรมต่อไปคือ วัดอรุณค่ะ	다음 프로그램은 아룬 사원입니다.
อย่าเข้าไปใกล้เกินนะครับ	너무 가까이 가지 마세요.
มืออย่าแตะต้องนะคะ	손대지 마세요.

กรุณาเงียบด้วยครับ	조용히 해 주세요.
กรุณาอย่าวิ่งค่ะ	뛰지 마세요.
ตรงนี้เป็นเขตห้ามเข้าครับ	여기는 출입 금지 구역이에요.
เป็นเขตห้ามรถเข้าค่ะ	차량 통행금지 구역입니다.
ห้ามให้อาหารสัตว์โดยพลการครับ	동물에게 함부로 음식을 주면 안 돼요.
สามารถถ่ายรูปที่นี่ได้ไหมคะ	여기서 사진을 찍어도 돼요?
ไม่ได้ครับ ที่นี่เป็นเขตห้ามถ่ายรูปครับ	안 됩니다. 여기는 촬영 금지 구역입니다.
ที่นี่สามารถถ่ายวีดีโอได้ไหมคะ	여기서 비디오를 찍어도 돼요?
ช่วยถ่ายรูปให้หน่อยได้ไหมครับ	사진을 좀 찍어 주시겠어요?
กดตรงปุ่มนี้ค่ะ	이 버튼을 누르면 돼요.
เตรียมพร้อมรึยังครับ	준비됐어요?
มองข้างหน้า อย่าขยับนะคะ	앞을 보고 움직이지 마세요.
ก้มคอลงหน่อยครับ	고개를 숙이세요.
ช่วยไปทางนี้หน่อยค่ะ	이쪽으로 좀 가세요.
รวม ๆ กันหน่อยครับ	모이세요.
ถ่ายด้วยกันค่ะ	함께 찍어요.
เช่ารถวันละเท่าไรครับ	차 빌리는 데 하루에 얼마죠?
ขอไกด์ที่สามารถพูดภาษาเกาหลีได้หน่อยค่ะ	한국어 할 수 있는 가이드 좀 부탁 드립니다.
เดินตรงไปทางนี้ประมาณ 10 นาทีก็ถึงครับ	이 길을 따라 10분 정도 걸어가면 됩니다.
ดิฉันจะไปตามที่คุณพาไปค่ะ	당신이 안내하는 대로 따라 갈게요.
ผมเตรียมเดินทางไปธุรกิจสำคัญในเมืองกาญจนบุรีและผมคิดว่าจะหาเช่ารถยนต์ขับเองถ้าเป็นยี่ห้อ KIA ก็จะเป็นการดี ช่วยแจ้งให้ทราบว่ามีรถยนต์ยี่ห้ออะไรบ้างให้ เช่าและค่าเช่าคิดอย่า งไร	저는 중요한 사업으로 깐짜나부리시에 여행할 계획이 있으며, 차량을 대여해서 손수 운전하려고 생각하고 있습니다. 만약 차종이 KIA이면 좋겠습니다. 대여 차량의 차종이 무엇이 있으며 대여료는 어떻게 계산하는지 알려 주십시오.
สำหรับโปรแกรมวันนี้ออกจากโรงแรมตั้งแต่ 7 โมงเช้า ไปตลาดน้ำก่อน แล้วก็ไปสวนกุหลาบ จะกลับถึงโรงแรมประมาณ 6 โมงเย็น	오늘 일정은 아침 7시에 호텔을 출발해서 먼저 수상 시장을 관람하고, 그 후엔 로즈가든에 갑니다. 오후 6시에 호텔로 돌아올 예정입니다.

18

การซื้อของและต่อราคา

회 화 

คนซื้อ กางเกงตัวนี้ราคาเท่าไรครับ
구매자   이 바지 얼마죠?

คนขาย ตัวละ 850 บาท ผ้าอย่างหนา เนื้อดี
판매원   한 벌에 850바트에요. 천이 두껍고, 감이 좋아요.

คนซื้อ คิดว่าใช้ได้ มีสีดำไหม
구매자   쓸만한데요. 검은색 있나요?

คนขาย รอเดี๋ยวนะ หาก่อน มีแต่สีน้ำตาลค่ะ
판매원   잠시만 기다리세요. 우선 찾아볼게요. 갈색밖에 없습니다.

คนซื้อ งั้น ลดหน่อยได้ไหมครับ
구매자   그럼, 깎아 줄 수 있나요?

คนขาย ลดได้แค่ 50 บาทค่ะ กำไรน้อย
판매원   50바트 정도 깎아 드릴 수 있어요. 이익이 적어요.

คนซื้อ เอากางเกงตัวนี้ครับ เสื้อตัวนี้ตัวละเท่าไรครับ
구매자   이 바지로 하죠. 이 옷은 하나에 얼마죠?

คนขาย ตัวละ 1,200 บาทค่ะ
판매원   하나당 1,200바트입니다.

คนซื้อ   **ราคาแพงเกินไปด้วยซ้ำ แต่คุณภาพไม่ค่อยดี ถูกกว่านี้มีไหม**
ผมอยากได้สีขาว

구매자   값은 비싼데 오히려 품질은 그다지 좋지 않네요.
이보다 싼 것 있어요? 전 하얀색을 원해요.

คนขาย   **สีขาวไม่มีค่ะ มีแต่สีน้ำเงินเข้ม**

판매원   하얀색은 없네요. 짙은 파란색만 있네요.

คนซื้อ   **ผมไม่ค่อยชอบ มีสีอื่นไหมครับ**

구매자   전 그다지 좋아하지 않아요. 다른 색 있나요?

คนขาย   **มีเยอะค่ะ สีครีม ชมพู ฟ้า เขียว แดง ม่วง และเหลืองค่ะ**

판매원   얼마든지 있어요. 크림색, 분홍색, 하늘색, 초록색, 빨간색, 보라색, 그리고 노란색이 있네요.

คนซื้อ   **ลดให้ผมหน่อยสิ**

구매자   좀 깎아 주세요.

คนขาย   **ซื้อหลายตัวมั้ยคะ**

판매원   여러 벌 사시게요?

คนซื้อ   **อยากได้สามตัว สีเขียวสองตัว และสีฟ้าหนึ่งตัว**

구매자   세 벌 원해요. 초록색 두 벌, 그리고 하늘색 한 벌요.

คนขาย   **คิด 1,100 บาทก็แล้วกัน**

판매원   그러면, 1,100바트로 하죠.

คนซื้อ   **1,000 ถ้วนได้ไหม**

구매자   딱 1,000바트 가능해요?

คนขาย   **ไม่ได้ค่ะ ขาดทุน**

판매원   안 돼요. 적자예요.

คนซื้อ **จำใจต้องซื้อ รวมเป็นเงินเท่าไร ทั้งเสื้อด้วย**

구매자　어쩔 수 없이 사야겠네요. 합쳐서 얼마죠? 상의도 함께요.

คนขาย **ทั้งหมด 4,100 บาทค่ะ**

판매원　전부 4,100바트네요.

คนซื้อ **นี่ครับ**

구매자　여기 있습니다.

คนขาย **ขอบคุณค่ะ วันหลังเชิญมาใหม่นะคะ**

판매원　감사합니다. 다음에 또 오세요.

단어 학습

กางเกง 바지 ∥ ผ้า 천, 옷감 ∥ หนา 두껍다 ∥ สีดำ 검정색 ∥ เดี๋ยว 잠시, 잠깐 ∥ สีน้ำตาล 갈색
ลด 깎다, 줄이다 ∥ กำไร 이익 ∥ ด้วยซ้ำ 오히려 ∥ คุณภาพ 질, 품질 ∥ สีขาว 하얀색 ∥ สีน้ำเงิน 파란색, 남색
เข้ม 진하다 ∥ อื่น 다른 ∥ สีครีม 크림색 ∥ ชมพู 분홍 ∥ ฟ้า 하늘 ∥ แดง 빨강 ∥ ม่วง 보라 ∥ เหลือง 노랑
ถ้วน 딱, 꼭 ∥ ขาดทุน 적자이다

01 **ใช้ได้, เป็นใช้ได้** 쓸 수 있다, 쓸 만하다

ทาสีอีกครั้งก็เป็นใช้ได้
> 한 번 더 칠하면 쓸 만합니다.

เสื้อตัวนี้ซักอีกครั้งก็ใช้ได้แน่นอน
> 이 옷은 한 번 더 세탁하면 분명히 쓸 수 있습니다.

02 **ละ** …당, …마다

วิชาภาษาต่างประเทศต้องเรียนและฝึกฝนเรื่อย ๆ วันละน้อย ๆ ทุกวัน
> 외국어 과목은 매일 조금씩 꾸준히 학습해야 합니다.

มหาวิทยาลัยในประเทศเกาหลีส่วนใหญ่สอบปีละ 4 ครั้ง
> 한국에 대학은 대부분 1년에 네 번 시험 봅니다.

03 **เกินไป** 지나치게 …하다

น้ำนี้ร้อนเกินไปจนดื่มไม่ได้
> 이 물은 마실 수 없을 정도로 너무 뜨겁다.

ถ้าดื่มเหล้ามากเกินไปก็ไม่ดีต่อสุขภาพ
> 술을 지나치게 마시면 건강에 해롭다.

04 **(เสีย)ด้วยซ้ำ** …한데도 오히려

เขาเรียนสำเร็จมหาวิทยาลัยเสียด้วยซ้ำแต่ก็อยู่เฉย ๆ โดยไม่ทำงานอะไร
> 그는 대학을 졸업했는데도 오히려 아무 일도 하지 않고 놀고 있다.

ผมอ่านบทความนั้นตั้ง 2 รอบด้วยซ้ำแต่ไม่รู้เรื่องเลย
> 나는 그 논문을 두 번이나 읽었는데도 전혀 무슨 말인지 모르겠다.

ของชนิดนี้ไปที่ไหนก็มีถมไป
이러한 종류의 물건은 얼마든지 있다.

ที่ประเทศไทยมีทรัพยากรธรรมชาติถมไป
태국에는 천연 자원이 얼마든지 있다.

เอาไว้คุยกันคราวหน้าก็แล้วกัน
다음 번에 다시 얘기하도록 하자.

แบ่งเอาไปคนละอันก็แล้วกัน
한 개씩 나누어 갖도록 하자.

นำของมาครบถ้วนตามที่คุณสั่งไว้เมื่อวานนี้
어제 당신이 주문한 대로 물건을 정확히 가져왔어요.

เอาของมาบรรทุกในรถบรรทุกนี้ครบถ้วนนะครับ
이 트럭에 물건을 남김없이 실으세요.

เพราะการขอร้องของนักศึกษาอาจารย์จำใจต้องยินยอมเดินทางไปกับนักศึกษา
학생들의 요구에 교수님은 어쩔 수 없이 학생들과 여행하기로 동의했다.

วันนี้จำใจต้องทำงานนี้ให้เสร็จ
어쩔 수 없이 오늘은 이 일을 끝내야 한다.

연습문제

다음 문장을 태국어로 바꾸어 쓰시오.

01 차를 수리하면 더 오래 쓸 수 있어요.

02 우리 부서는 매주 월요일 아침 10시에 한 번씩 회의를 한다.

03 약을 지나치게 많이 먹으면 건강에 좋지 않다.

04 비싼 값에 구매했는데 예전 물건보다 품질이 좋지 않다.

05 사업 계획은 얼마든지 있으나 자본이 부족하다.

06 오늘 일을 다 못 끝내면 내일 하도록 하자.

07 이 원자재 가격은 딱 2,000바트로 합시다.

08 나는 오래 전부터 초청을 받았기 때문에 마지못해 치앙마이에 왔다.

ศูนย์ช็อปปิ้งไปทางไหนครับ	쇼핑 센터는 어느 방향이에요?
เดินไปทางนี้เรื่อย ๆ เลยค่ะ	이쪽으로 쭉 걸어가세요.
แถว ๆ นี้มีร้านเครื่องใช้ไฟฟ้าไหมครับ	이 근처에 전자 제품 매장이 있어요?
ร้านนาฬิกาอยู่ไหนคะ	시계 매장은 어디예요?
กำลังหามุมเครื่องสำอางครับ	화장품 코너를 찾고 있어요.
ร้านเครื่องเขียนอยู่ชั้นไหนคะ	문구점은 몇 층이에요?
ร้านขายของปลอดภาษีอยู่ชั้นไหนครับ	면세점은 몇 층이에요?
ซื้อรองเท้าผ้าใบที่ไหนคะ	운동화는 어디에서 사요?
ร้านขายของที่ระลึกอยู่ที่ไหนครับ	기념품 가게는 어디에 있어요?
เชิญเลยค่ะ หาอะไรอยู่เหรอคะ	어서 오세요. 무엇을 찾으세요?
มีปากกาไหมครับ	볼펜 있나요?
ค่ะ ทางนี้มีปากกาหลายแบบเลยค่ะ	네. 이쪽에 다양한 볼펜이 있습니다.
ขอลองใช้ปากกาดูหน่อยนะครับ	볼펜 좀 써 볼게요.
ค่ะ ลองเขียนตรงนี้แล้วก็เลือก ๆ ดูนะคะ	네, 여기에 써 보시고 골라 보세요.
กำลังดูกล้องถ่ายภาพอยู่ครับ	카메라를 좀 보려고요.
ขอเลือกดูหน่อยได้ไหมคะ	좀 둘러봐도 될까요?
อันไหนที่กำลังเป็นที่นิยมที่สุดครับ	가장 인기 있는 건 어떤 거예요?
สินค้าเหล่านี้กำลังเป็นที่นิยมค่ะ	이쪽 상품들이 인기가 좋습니다.
ขอดูอันโน้นหน่อยครับ	저것 좀 보여 주세요.
ขอดูของที่แสดงหน้าร้านหน่อยค่ะ	가게 앞에 장식해 놓은 것으로 보여 주세요.
ทางนี้เป็นสินค้าออกใหม่รึเปล่าครับ	이쪽이 신상품이에요?
ลองสวมอันนี้ดูได้ไหมคะ	이거 입어 봐도 됩니까?
ครับ ลองสวมดูได้ครับ	네, 한번 착용해 보세요.
ลองจับดูหน่อยได้ไหมคะ	만져 봐도 될까요?
ช่วยสาธิตอันนี้ให้ดูหน่อยครับ	이걸 잠깐 시범 좀 보여 주세요.

อันนี้สำหรับใครใช้คะ	누가 쓰실 거예요?
ตั้งใจจะเอาเป็นของขวัญวันเกิดแก่แฟนสาวครับ	여자 친구에게 생일 선물로 주려고요.
ตั้งราคาไว้ประมาณเท่าไหร่คะ	예산이 얼마 정도세요?
คิดไว้ว่าประมาณพันบาทครับ	천 바트 정도 생각하고 있어요.
ตั้งจะให้เป็นของขวัญแก่ผู้มีอายุค่ะ	연세 드신 분께 선물하려고 해요.
เอาเป็นของขวัญขึ้นบ้านใหม่ดีไหมครับ	집들이 선물용으로 괜찮아요?
จะเหมาะกับเด็กประถมไหมคะ	초등학생에게 어울릴까요?
ไม่มีอันอื่นเหรอครับ	다른 것은 없어요?
ต้องการสีอะไรคะ	어떤 색상을 원하세요?
ขอดูอันอื่นหน่อยครับ	다른 것 좀 보여 주세요.
มีแค่แบบนี้เหรอคะ	이 종류뿐이에요?
ขอดูสีอื่นอีกครับ	다른 색상을 더 보여 주세요.
ขอดูสีฟ้าค่ะ	파란색으로 보여 주세요.
ไม่มีอันที่ไม่มีลายเหรอครับ	무늬 없는 것은 없어요?
สินค้านี้ไม่มีขนาดอื่นเหรอคะ	이 제품으로 다른 치수는 없어요?
มีแบบที่คล้ายกันกับอันนี้อีกไหมครับ	이것과 비슷한 모델이 더 있어요?
แยกซื้อได้ไหมคะ	따로 살 수 있어요?
สินค้านี้ระยะเวลาประกันนานเท่าไหร่ครับ	이 제품의 보증 기간은 얼마예요?
ช่วงเวลา AS สามารถซ่อมฟรี 1 ปีค่ะ	무상 AS 기간은 일 년입니다.
ถ้ามีตำหนิจะรับเปลี่ยนให้ไหมครับ	하자가 있으면 교환해 줘요?
จะลองคิดดูอีกทีค่ะ	더 생각해 볼게요.
ครับ แล้วกลับมาอีกนะครับ	네, 다시 들러 주세요.
ขอโทษค่ะ ไม่ใช่อันที่ดิฉันกำลังหาค่ะ	죄송합니다. 제가 찾던 것이 아니에요.
ลดได้ไหมครับ	할인돼요?
ค่ะ ถ้ามีบัตรสมาชิกลดให้ได้ค่ะ	네, 회원 카드가 있으시면 할인됩니다.
ช่วยลดหน่อยนะครับ	좀 깎아 주세요.
นี่เป็นราคาที่ให้พิเศษมากแล้วค่ะ	이게 특별히 잘해 드리는 가격이에요.

ที่ร้านอื่นขายถูกกว่าอีกนะครับ	다른 가게에서 더 싸게 팔던데요.
ขายราคานี้แล้วไม่ได้อะไรเลยนะคะ	이 가격으로는 남는 것도 없어요.
ถ้าลดให้จะซื้อครับ	깎아 주시면 살게요.
ดีค่ะ เอาตามนั้นค่ะ	좋아요, 그렇게 하죠.
จะลดให้ใช่ไหมครับ	할인해 주시겠어요?
สำหรับดิฉันแล้วแพงไปหน่อยค่ะ	제겐 좀 비싸요.
ราคาพอดิบพอดีครับ	괜찮은 가격이네요.
ขอของแถมอีกค่ะ	덤으로 더 주세요.
ลดกี่เปอร์เซ็นต์ครับ	몇 퍼센트 할인해요?
ลด 20 เปอร์เซ็นต์ค่ะ	이십 퍼센트 할인합니다.
ราคานี้เป็นราคาลดเหรอครับ	이 가격이 할인 가격이에요?
คิดเงินที่ไหนครับ	어디에서 계산해요?
เคาน์เตอร์คิดเงินอยู่ทางโน้นค่ะ	저쪽 계산대에서 합니다.
คิดรวมทั้งหมดแล้วเป็นเงินพันบาทครับ	모두 계산하면 천 바트입니다.
สามารถจ่ายด้วยบัตรเครดิตได้ไหมคะ	신용 카드로 계산해도 돼요?
ครับ ผ่อนส่งหรือซื้อสดครับ	네, 할부로 하시겠습니까? 일시불로 하시겠습니까?
ช่วยเซ็นชื่อตรงนี้ได้ไหมคะ	여기에 서명해 주시겠습니까?
ผ่อนโดยไม่มีดอกเบี้ยกี่เดือนเหรอครับ	무이자 할부는 몇 개월이에요?
ถ้าชำระโดยเงินสดจะลดให้อีกไหมคะ	현금으로 사면 더 할인해 줘요?
ขอใบเสร็จครับ	영수증 주세요.
เหมือนว่าจะคิดเงินผิด นี่เป็นค่าอะไรเหรอคะ	계산이 잘못된 것 같아요. 이 금액은 뭐예요?
ขอโทษครับ คิดเงินผิดครับ	죄송합니다. 계산이 잘못되었네요.
ขอถุงกระดาษค่ะ	종이 봉지 주세요.
ช่วยห่อด้วยครับ	포장해 주세요.
ช่วยห่อของขวัญให้ด้วยค่ะ	선물 포장을 해 주세요.
ช่วยแยกห่อด้วยครับ	따로따로 포장해 주세요.
รับส่งของให้ไหมคะ	배달해 줘요?

ส่งให้ถึงบ้านไหมครับ	집까지 배달해 주세요?
ขอเปลี่ยนเป็นอันอื่นค่ะ	다른 것으로 바꿔 주세요.
อยากเปลี่ยนอันนี้ครับ	이걸 교환하고 싶어요.
อยากเปลี่ยนเป็นขนาดที่เล็กกว่านี้ค่ะ	더 작은 치수로 바꾸고 싶어요.
ตรงนี้มีตำหนิครับ ขอเปลี่ยนของครับ	여기에 흠집이 있어요. 교환해 주세요.
อันนี้พึ่งซื้อเมื่อวาน ไม่ทราบว่าสามารถคืนเงินได้ไหมคะ	어제 샀는데 환불할 수 있어요?
ขอคืนเงินได้ไหมครับ	환불해 주시겠어요?
ไม่ค่อยเหมาะกับดิฉันค่ะ	제겐 어울리지 않네요.
ไม่ค่อยเท่าไหร่ครับ	별로인데요.
รัดไปนิดค่ะ	약간 끼어요.
ไม่พอดีสำหรับตัวผมครับ	제 몸엔 안 맞아요.
สินค้านี้วันหมดอายุอยู่ตรงไหนคะ	이 제품의 유통기한은 어디에 있나요?
วันหมดอายุเกินแล้วครับ	유통기한이 지났어요.

19

การสั่งอาหารและรสชาติ

회화 

มินแจ เราไปทานอาหารด้วยกันไหม

민재 우리 함께 식사하러 가실래요?

สุดา ไปสิ มินแจ ฉันหิวแล้ว คุณชอบทานอะไร ทานเผ็ดได้ไหม

쑤다 갑시다. 민재 저 배고파요. 당신 무얼 좋아하죠? 매운 것 드실 수 있어요?

มินแจ ได้ คุณชอบทานปลาไหม ผมอยากแนะนำอาหารร้านนี้
ร้านนี้อร่อยมากหาร้านไหนมาเทียบได้ยาก

민재 그럼요. 당신 생선 좋아해요? 제가 이 음식점을 추천하고 싶어요.
이 음식점은 어느 음식점에 비할 바 없이 맛이 있어요.

สุดา ปลาหรือคะ ฉันก็ชอบ งั้น เรารีบไปกันเถอะ เดี๋ยวคนจะเต็มร้าน

쑤다 생선요? 저도 좋아해요. 그럼 어서 갑시다. 조금 있으면 사람이 다 차요.

มินแจ คุณจะสั่งอะไร ตามสบายนะ ผมทานได้ทั้งนั้น

민재 무얼 주문할까요? 편할 대로 하세요. 저는 무엇이든 먹을 수 있어요.

สุดา ฉันอยากทานแกงส้มปลากับผัดผักรวม คุณทานได้ไหม

쑤다 전 깽쏨쁠라(생선 매운탕)과 야채 볶음 먹고 싶어요. 당신 드실 수 있죠?

มินแจ ที่จริง ผมค่อนข้างไม่ชอบเปรี้ยว แต่ทานได้ สั่งไข่เจียวด้วยดีไหม

민재 실은 전 비교적 신 것을 좋아하지 않아요. 그렇지만 먹을 수는 있어요.
계란 오믈렛도 주문하는 것이 어때요?

สุดา ดี แกงส้มทานกับไข่เจียว รสชาติเข้ากันดีมาก
      เพิ่มผัดเผ็ดกุ้งอีกอย่างหนึ่งนะ ชอบมั้ย

쑤다 좋아요. 깽쏨뺄라와 계란 오믈렛은 맛이 서로 궁합이 잘 맞죠.
      매운 새우 볶음 하나 더 추가하죠. 좋아해요?

มินแจ ได้สิ ผัดเผ็ดที่ร้านนี้ เขาทำอร่อย แล้วคุณจะดื่มน้ำอะไร
       เอาน้ำอัดลมไหม

민재 좋습니다. 이 음식점은 매운 볶음을 맛있게 합니다.
      그리고 음료수는 무엇을 드실래요? 탄산음료 드실래요?

สุดา ปกติฉันไม่ชอบน้ำอัดลม โอเลี้ยงดีกว่ามั้ง

쑤다 전 보통 탄산 음료수를 좋아하지 않아요. 오리양이 좋지 않을까요?

มินแจ น้อง ๆ ขอโอเลี้ยงแก้วหนึ่ง น้ำเปล่าแก้วหนึ่งครับ

민재 여보세요! 오리양 한 잔, 물 한 잔 주세요.

สุดา อาหารมาแล้ว น่ากินจัง ฉันว่าแกงส้มร้านนี้อร่อย รสชาติกลมกล่อม

쑤다 음식이 왔네요. 정말 먹음직스럽네요. 이 음식점 깽쏨은 맛있네요.
      맛이 잘 어우러졌어요.

단어 학습

สั่ง 주문하다, 명령하다, 지시하다 ▮ เผ็ด 맵다 ▮ เทียบ 비교하다 ▮ ทั้งนั้น 모두, 전부 ▮ ที่จริง 사실, 사실은
เปรี้ยว 시다 ▮ ไข่เจียว 계란 오믈렛 ▮ เพิ่ม 추가하다, 증가하다 ▮ ผัด 볶다 ▮ กุ้ง 새우
น้ำอัดลม 탄산음료 ▮ น้ำเปล่า 맹물

01 ## หา...มาเทียบได้ยาก, ยาก(ที่)จะหา...มาเทียบ
…에 비할 바 없이, …에 비하기가 어렵다

เขาเป็นนักเขียนบทละครที่ยากจะหาใครมาเทียบ
그는 누구에도 비할 바 없는 극작가이다.

คุณพ่อผมใจกว้างหาใครมาเทียบได้ยาก
나의 아버지는 누구와도 비할 바 없이 도량이 넓다.

02 ## ค่อนข้าง(จะ), ออกจะ   비교적 …하다

ปัญหานี้ออกจะง่ายสำหรับเขา
이 문제는 비교적 그에게는 쉽다.

ช่วงนี้อากาศค่อนข้างร้อน
요즈음 날씨가 비교적 덥다.

03 ## มั้ง, กระมัง   …이 아닐까? (여운을 남김)

ก็ไม่แน่ใจนักแต่เขาคงเป็นตัวการมั้ง
잘은 모르지만 그가 주동자가 아닐까?

เธออาจจะไปเที่ยวต่างประเทศกระมัง
그녀는 아마 외국에 갔을걸?

04 ## ปกติ, โดยปกติ, ตามธรรมดา, ธรรมดา   보통, 평상시, 일반적으로

ตามธรรมดาเสือชอบกินสัตว์ที่เล็กกว่าตัวเอง
보통 호랑이는 자신보다 작은 동물을 먹기를 좋아한다.

ปกติเขาเข้านอน 5 ทุ่ม
평상시 나는 밤 5시에 잠자리에 든다.

05 **เข้ากัน**   융합하다, 배합하다, 조화를 이루다, 마음이 맞다

เข้ากันไม่ได้เหมือนขมิ้นกับปูน

카민과 석회처럼 서로 융합할 수 없다. (카민: 강황(薑黃))

เขากับผมเข้ากันสนิทเหลือเกิน

그와 나는 화합이 너무 잘 된다.

กางเกงกับเสื้อตัวนี้ใส่แล้วมันเข้ากันดี

이 바지와 윗도리는 입기에 아주 잘 어울린다.

06 **กลมกล่อม**   (맛과 소리가) 알맞다, 적당하다

อาหารร้านนี้มีรสชาติกลมกล่อมดีจริง ๆ

이 가게의 음식은 정말로 맛이 알맞다.

เสียงเขากับเสียงผมเข้ากันกลมกล่อมกันดี

그와 나는 목소리가 잘 맞는다.

다음 문장을 태국어로 바꾸어 쓰시오.

01 태국에 있는 푸껫 섬의 아름다움은 무엇과도 견줄 수 없다.

____

02 한국은 면적이 태국의 1/3이지만 인구는 비교적 많은 국가이다.

____

03 지금쯤 어머니는 방콕에 도착하셨을걸?

____

04 보통 우리는 "농부는 국가의 등뼈이다."라는 말을 들을 것이다.

____

05 나의 누나와 형은 서로 마음이 잘 맞지 않아 자주 말다툼 한다.

____

อยากทานอะไรระหว่างอาหารเกาหลีกับอาหารฝรั่งครับ	한식과 양식 중 어느 것을 드시고 싶으세요?
จะทานอาหารเกาหลีค่ะ	한식을 먹을게요.
มีร้านพิเศษที่อยากไปไหมครับ	어디 특별히 가고 싶은 식당이라도 있으세요?
ดิฉันอยากขอเลี้ยงมื้อเที่ยงค่ะ	제가 점심을 대접하고 싶어요.
เราทานมื้อเที่ยงด้วยกันได้ไหมครับ	우리 점심이나 같이 할까요?
ดิฉันทานเรียบร้อยแล้วค่ะ	저는 이미 먹었어요.
โทรสั่งมากินเถอะ	전화로 시켜 먹읍시다.
แวะทานไรแป๊บนึงนะคะ	잠시 들러서 뭐 좀 먹어요.
ช่วยแนะนำร้านอาหารที่มีชื่อเสียงหน่อยได้ไหมครับ	유명한 식당을 추천해 주시겠어요?
แถว ๆ นี้มีร้านอาหารเกาหลีไหมคะ	이 근처에 한국 식당이 있어요?
วันนี้ 6 โมงเย็นขอจองที่สำหรับสามคนครับ	오늘 밤 6시에 세 사람 자리를 예약하고 싶어요.
ขอโทษค่ะ เวลานั้นไม่มีที่ว่างเลยค่ะ	죄송합니다. 그때는 자리가 없습니다.
ไม่มีเวลาอื่นเหรอครับ	다른 시간은 어때요?
มีที่นั่งไหมคะ	자리 있어요?
จองไว้ตอนหนึ่งทุ่มครับ	일곱 시에 예약했습니다.
ต้องการที่แบบไหนคะ	어떤 자리를 원하세요?
ขอที่ติดหน้าต่างครับ	창가 자리로 부탁해요.
จะทานที่นี่หรือห่อกลับคะ	여기서 드십니까? 포장이십니까?
ขอเมนูทางนี้หน่อยครับ	여기 메뉴 주세요.
ช่วยรับเมนูด้วยค่ะ	여기 주문 받아 주세요.
ร้านนี้เมนูที่ขึ้นชื่อที่สุดคืออะไรครับ	이 집에서 가장 인기 있는 메뉴는 뭐예요?
ดิฉันมาที่นี่ครั้งแรกค่ะ รบกวนช่วยแนะนำหน่อยค่ะ	여기는 처음 왔어요. 추천 좀 해 주세요.

เมนูอาหารรสเผ็ดนี่อะไรอร่อยบ้างครับ	매운맛의 요리는 어떤 게 좋아요?
อันนี้ทานยังไงคะ	이것은 어떻게 먹는 거예요?
ผมไม่ค่อยรู้น่ะครับ ช่วยสั่งแทนหน่อยครับ	저는 잘 모르니, 대신 주문해 주세요.
ดิฉันอะไรก็ได้ได้หมดค่ะ	저는 아무거나 괜찮아요.
คุณช่วยดูแล้วสั่งให้หน่อยครับ	당신이 알아서 주문해 주세요.
วันนี้อยากลองทานของใหม่ ๆ บ้างค่ะ	오늘은 새로운 것을 먹어 보고 싶어요.
เดี๋ยวนี้เบื่อปลาครับ	이제 생선은 질렸어요.
ขอแบ่งเป็นสองถ้วยนะคะ	두 그릇으로 나누어 주세요.
จะรับเครื่องดื่มอะไรดีครับ	음료는 무엇으로 하시겠습니까?
ขอน้ำเปล่าค่ะ	생수 주세요.
ช่วยใส่น้ำแข็งด้วยครับ	얼음에 넣어 주세요.
มีของหวานอะไรบ้างคะ	디저트는 뭐가 있어요?
ผมทานอาหารเผ็ดไม่ค่อยได้ อันนี้ไม่เผ็ด ใช่ไหมครับ	저는 매운 것을 잘 못 먹어요. 이건 맵지 않죠?
ดิฉันชอบทานอาหารจืด ๆ ค่ะ	담백한 음식을 좋아해요.
ไม่ชอบอาหารที่น้ำมันเยอะ ๆ ครับ	기름진 음식을 좋아하지 않아요.
ดิฉันทานเนื้อสัตว์ไม่ได้ค่ะ	전 고기를 못 먹어요.
วันนี้ท้องไส้ไม่ค่อยดีครับ	오늘은 속이 좋지 않아요.
ถ้ากินกุ้งระบบย่อยไม่ค่อยดีค่ะ	새우를 먹으면 소화가 잘 안 돼요.
ค่อนข้างเรื่องมากในการกินครับ	식성이 까다로운 편이에요.
ขอถ้วยเล็ก ๆ ที่สามารถแบ่งอาหารกินได้ค่ะ	덜어 먹을 수 있게 작은 그릇을 주세요.
จากรสชาติที่ผมชอบมันค่อนข้างจืดไปครับ	제 입맛에 좀 싱거운 것 같아요.
เหมือนมีกลิ่นคาวค่ะ	비린내가 나는 것 같아요.
อืม เป็นคนมีรสนิยมการกินดีนะครับ	아, 미식가이시군요.
ดีกว่าที่คาดไว้ค่ะ	기대했던 것 이상인데요.
ผมไม่ค่อยถูกกับกลิ่นเครื่องเทศนี้เท่าไหร่ครับ	이 향신료는 제게 맞지 않네요.
ดูดีแต่รสชาติไม่เท่าไหร่ค่ะ	보기보단 맛이 별로네요.
เนื้อนี้มีมันเยอะครับ	고기에 기름기가 많아요.

เส้นเหนียวดีค่ะ	면이 쫄깃해요.
เนื้อเปื่อยดีครับ	고기가 연해요.
เค้กนุ่มมากค่ะ	케이크가 아주 부드러워요.
เนื้อไหม้ครับ	고기가 탔어요.
ท้องร้องจ๊อก ๆ ค่ะ	뱃속에서 꼬르륵 소리가 나요.
เดี๋ยวนี้กินอะไรก็อร่อยไปหมดครับ	요즈음은 무엇을 먹어도 전부 맛있어요.
กินเยอะเลยค่ะ	너무 많이 먹었어요.
ผมกำลังควบคุมอาหารครับ	저는 다이어트 중이에요.
บรรยากาศร้านนี้เป็นยังไงบ้างคะ	이 집 분위기 어때요?
ดีครับ ถูกใจมาก ๆ ครับ	좋아요. 무척 마음에 들어요.
ร้านนี้ทำอาหารเก่งค่ะ	음식을 잘하는 집이에요.
ร้านนี้มีชื่อเสียงขึ้นมาเพราะต้มยำกุ้งครับ	이 집은 똠얌꿍으로 유명해졌어요.
แค่ห้าร้อยบาทก็สามารถกินได้อย่างอิ่มหนำ สำราญค่ะ	500바트로 푸짐하게 먹을 수 있는 집이에요.
ปกติคนไทยเขาทานอะไรกันครับ	태국인은 보통 뭘 먹어요?
ทานข้าวกับก๋วยเตี๋ยวค่ะ	밥과 국수를 먹어요.
คนเกาหลีทานข้าวเป็นหลักครับ	한국인은 주식으로 밥을 먹어요.
ถ้าไม่พอก็สั่งเพิ่มอีกนะคะ	부족하면 더 시키도록 해요.
ทำไมทานเร็วอย่างนั้นครับ	왜 그렇게 빨리 먹어요?
ค่อย ๆ ทานค่ะ	천천히 드세요.
เพราะคุณนะครับ เลยทานอร่อยครับ	덕분에 잘 먹었어요.
ขอโทษค่ะ เดี๋ยวทำให้ใหม่ค่ะ	죄송합니다. 새로 해 드리겠습니다.
เอามาให้ใหม่ไหมครับ	다시 가져다 주시겠어요?
อันนี้ไม่ใช่ที่ดิฉันสั่งค่ะ	이것은 제가 주문한 게 아니에요.
เนื้อนี้ยังไม่สุกดีครับ	이 고기는 충분히 익지 않았어요.
อาหารชืดหมดแล้วค่ะ ช่วยอุ่นให้หน่อยค่ะ	음식이 식었어요. 데워 주세요.
แก้วสกปรก ขอเปลี่ยนครับ	컵이 더러워요. 바꿔 주세요.
ช่วยเก็บนี่หน่อยค่ะ	여기를 좀 치워 주세요.

ช่วยเปลี่ยนเป็นอันที่สะอาด ๆ ครับ	깨끗한 것으로 바꿔 주세요.
โต๊ะข้าง ๆ เสียงดังมากค่ะ	옆 테이블이 너무 시끄러워요.
ขอเปลี่ยนที่นั่งเป็นข้างหน้าต่างครับ	자리를 창가로 바꿔 주세요.
ช่วยห่ออาหารที่เหลือนี้หน่อยค่ะ	여기 남은 음식을 포장해 주세요.
คราวนี้ผมจ่ายเอง คราวหน้าคุณค่อยจ่ายครับ	제가 이번에 지불하고 다음엔 당신이 지불하세요.
ถึงคิวดิฉันจ่ายค่ะ	제가 낼 차례예요.
ของผมผมจ่ายเองครับ	제 것은 제가 낼게요.
จ่ายคนละครึ่งนะคะ	반씩 내죠.
ผมจ่ายไปเรียบร้อยแล้วครับ	계산은 이미 제가 했어요.
ต่างคนต่างจ่ายค่ะ	각자 계산하기로 하죠.

20

จองห้องพัก

회화

เช็คอิน - 체크인

พนักงาน	สวัสดีค่ะ โรงแรมเอราวัณยินดีต้อนรับค่ะ
직원	안녕하세요? 에라완 호텔이 환영합니다.

มินแจ	สวัสดีครับ ผมอยากจองห้องพักหน่อยครับ
민재	안녕하세요? 방 좀 예약하고 싶은데요.

พนักงาน	ได้ค่ะ คุณจะเข้าพักวันไหนคะ
직원	가능합니다. 언제 투숙하실 거예요?

มินแจ	วันเสาร์ที่จะถึงนี้ครับ
민재	오는 토요일입니다.

พนักงาน	วันเสาร์ที่ 14 เมษายนนี้ใช่ไหมคะ
직원	4월 14일 토요일이죠?

มินแจ	ใช่ครับ จนถึงวันศุกร์ที่ 20 ครับ
민재	네. 20일 금요일까지요.

พนักงาน	คุณอยากได้ห้องแบบไหนคะ ห้องเดี่ยวหรือห้องคู่
직원	어떤 종류의 방을 원하죠? 싱글룸이에요? 트윈룸이에요?

มินแจ   **ห้องเดี่ยวกับห้องคู่ราคาเท่าไรครับ**

민재   싱글룸과 트윈룸 가격이 얼마죠?

พนักงาน   **ห้องเดี่ยวคืนละ 2,500 บาท ห้องคู่ คืนละ 3,000 บาท**
ราคานี้รวมอาหารเช้าด้วยค่ะ

직원   싱글룸은 하루에 2,500바트, 트윈룸은 3,000바트입니다. 이 가격은 조식 포함입니다.

มินแจ   **มีห้องที่ราคาถูกกว่านี้ไหมครับ**

민재   이것보다 가격이 싼 방이 있나요?

พนักงาน   **มีห้องเดี่ยวที่ไม่มีหน้าต่างค่ะ คืนละ 2,000 บาท**

직원   창문이 없는 싱글룸이 있는데 하루에 2,000바트입니다.

มินแจ   **ผมขอห้องเดี่ยว ไม่มีหน้าต่างครับ ช่วงนี้ไม่มีโปรโมชั่นหรือครับ**

민재   창문이 없는 싱글룸으로 할게요. 요즈음 특별 할인(프로모션)이 없나요?

พนักงาน   **ไม่มีค่ะ แต่ดิฉันจะแถมคูปองสำหรับใช้บริการนวดไทยและห้อง**
ซาวน่าให้คุณค่ะ คุณจะจองกี่ห้องคะ

직원   없어요. 그러나 타이 마사지와 사우나 이용권 쿠폰을 추가해서 서비스할게요.
방을 몇 개 예약할 거예요?

มินแจ   **ห้องเดียวครับ**

민재   1개입니다.

พนักงาน   **ตกลง คุณจองห้องเดี่ยว ไม่มีหน้าต่าง 1 ห้อง เข้าพักตั้งแต่วันที่ 14**
และออกวันที่ 20 เมษายนนี้ ทั้งหมด 6 คืนนะคะ เรียบร้อยแล้วค่ะ

직원   좋습니다. 당신은 창문 없는 싱글룸 1개로 14일부터 투숙해서 20일에 나가시는 것으로 총 6일
예약했습니다.

พนักงาน **เชิญค่ะ**
직원 어서 오십시오.

มินแจ **ผมจะเช็คเอ๊าท์ห้อง 405**
민재 405호실 체크아웃을 하겠습니다

พนักงาน **ขอบคุณค่ะ 4,500 บาท รวมค่าโทรศัพท์นะคะ**
จะจ่ายบัตรเครดิตหรือเงินสด
직원 감사합니다. 전화비를 포함하여 4,500바트입니다.
계산은 카드로 하시겠습니까? 현금으로 하시겠습니까?

มินแจ **ขอจ่ายเป็นบัตรเครดิต**
민재 카드로 부탁합니다.

พนักงาน **ขอเซ็นชื่อตรงนี้หน่อยค่ะ นี่ค่ะ ใบเสร็จรับเงิน**
직원 여기에 사인을 해 주십시오. 영수증 여기 있습니다.

มินแจ **ขอโทษ ขอฝากกระเป๋านี้ถึงพรุ่งนี้ได้ไหมครับ**
민재 미안합니다만, 이 짐을 내일까지 보관할 수 있습니까?

พนักงาน **ได้ค่ะ เราจะเก็บไว้ นี่บัตรเก็บกระเป๋าค่ะ เอาไปด้วยค่ะ**
직원 네, 맡아 드리겠습니다. 여기 보관증입니다. 가지고 가세요.

มินแจ **แล้วก็ช่วยเรียกแท็กซี่ไปสนามบินสุวรรณภูมิให้หน่อยครับ**
민재 그리고 쑤완나품 공항 가는 택시를 불러 주세요.

พนักงาน **คุณค่ะ แท็กซี่มาแล้ว ขอให้โชคดีนะคะ**
직원 　손님, 택시가 왔습니다. 좋은 시간 되시길 빕니다.

มินแจ **ขอบคุณครับ**
민재 　고맙습니다.

단어 학습

ห้องพัก 숙소 ▌ เช็คอิน 체크인 ▌ พนักงาน 직원 ▌ ต้อนรับ 환영하다 ▌ ห้องเดี่ยว 싱글룸 ▌ ห้องคู่ 트윈룸
หน้าต่าง 창문 ▌ โปรโมชั่น 특별 할인(promotion) ▌ คูปอง 쿠폰 ▌ บริการ 서비스하다 ▌ นวด 마사지
ตกลง 동의하다, O.K ▌ เช็คเอ้าท์ 체크아웃 ▌ ค่าโทรศัพท์ 전화비 ▌ จ่าย 지불하다 ▌ บัตรเครดิต 신용카드
เงินสด 현금 ▌ เซ็นชื่อ 서명하다 ▌ ใบเสร็จรับเงิน(=บิล) 영수증 ▌ เก็บ 모으다, 보관하다
บัตรเก็บกระเป๋า 가방 보관증 ▌ สนามบิน 공항

01 **ยินดีต้อนรับ**　환영하다

ยินดีต้อนรับที่ได้มาเยี่ยมโรงงานของเรา
　저희 공장에 오신 것을 환영합니다.

ยินดีต้อนรับสู่ประเทศเกาหลี
　한국에 오신 것을 환영합니다.

02 **บัตร　ตั๋ว　ใบ**　표, 티켓, 증

บัตรนักศึกษา 학생증　　**บัตรประชาชน** 주민증　　**บัตรเชิญ** 초청장

ตั๋วหนัง 영화표　　**ตั๋วเครื่องบิน** 비행기표

ใบขับขี่ 운전면허증　　**ใบตรวจโรค** 진료증

03 **เอา**　…을 가지다, …을 취하다, …을 원하다

ผมเอารถจอดไว้ที่จอด
　내가 주차장에 차를 주차해 둘게요.

เอาน้ำมาให้คุณพ่อ
　물을 가지고 와서 아버지에게 드려라.

04 **ช่วย**　도와 주다, …해 주세요

เขาช่วยผมเสมอไม่ว่าจะเป็นเรื่องอะไรก็ตาม
　무슨 일을 막론하고 그는 항상 나를 도와 준다.

ช่วยถือกระเป๋านี้หน่อย
　이 가방 좀 들어 주세요.

다음 문장을 태국어로 바꾸어 쓰시오.

01 그는 끓는 물을 가지고 와서 냄비에 부었다.

____

02 이 서류를 가지고 가서 과장님에게 드리세요.

____

03 여름에는 바람이 불어와 아이들이 연 놀이 하는 것을 도와 준다.

____

04 컴퓨터는 인간의 요구에 부응하는 것을 도와 주는 가장 훌륭한 도구가 되었다.

____

อยากจองห้องครับ	방을 예약하고 싶어요.
ต้องการห้องแบบไหนคะ	어떤 방 원하세요?
ขอห้องสำหรับสองคนครับ	2인실 부탁합니다.
จะพักกี่วันคะ	며칠 동안 묵으실 거예요?
ค่าห้องเท่าไหร่ครับ	방값은 얼마예요?
มีห้องว่างไหมคะ	빈방 있어요?
ห้องเต็มหมดแล้วครับ	방이 다 찼습니다.
มีห้องที่สามารถเข้าพักคืนนี้ไหมคะ	오늘 밤에 잘 수 있는 방 있어요?
ไม่มีห้องที่ถูกกว่านี้เหรอครับ	더 싼 가격은 없나요?
สามารถจองห้องตั้งแต่วันจันทร์หน้าเป็นเวลาสามวันได้ไหมคะ	다음 주 월요일부터 3일 간 방을 예약할 수 있습니까?
อยากจองห้องดีลักซ์ครับ	디럭스룸으로 예약하고 싶습니다.
ขอห้องเตียงคู่ค่ะ	침대 두 개인 방으로 주세요.
ขอห้องที่ติดฝั่งทะเลนะครับ	해변 쪽 방으로 주세요.
ขอห้องที่เงียบ ๆ ค่ะ	조용한 방으로 주세요.
ขอห้องข้างครับ	옆 방으로 주세요.
เป็นราคาที่รวมค่าบริการกับภาษีแล้วเหรอคะ	세금과 봉사료가 포함된 가격이에요?
เป็นราคาที่รวมอาหารเช้ารึยังครับ	아침 식사를 포함한 가격이에요?
ตอนจองจำเป็นต้องจ่ายค่ามัดจำไหมคะ	예약 시 보증금이 필요해요?
จะยกเลิกการจองห้องครับ	예약을 취소하겠습니다.
จะให้จองโดยชื่อของใครคะ	어느 분 앞으로 예약할까요?
จองโดยชื่อผมครับ	제 이름으로 예약했습니다.
ช่วยสะกดชื่อสกุลด้วยค่ะ	이름과 성의 철자를 말씀해 주세요.
อันนี้เป็นข้อมูลการจองของผมครับ	여기 제 예약 정보입니다.
รบกวนช่วยขนของไปที่ห้องด้วยค่ะ	짐을 방까지 좀 부탁해요.

ช่วยเพิ่มเตียงหนึ่งเตียงด้วยครับ	침대 하나 추가해 주세요.
พนักงานดูแลห้องค่ะ มีอะไรให้รับใช้ไหมคะ	룸 서비스입니다. 무엇을 도와 드릴까요?
วันพรุ่งนี้เช้าช่วยมอร์นิ่งคอลด้วยนะครับ	내일 아침에 모닝콜을 부탁해요.
ช่วยปลุกตอน 6 โมงเช้าค่ะ	아침 여섯 시에 깨워 주세요.
สามารถทานอาหารเช้าได้เมื่อไหร่ครับ	아침 식사는 언제 할 수 있어요?
อาหารเช้าทานที่ไหนคะ	아침 식사는 어디서 해요?
ศูนย์ธุรกิจอยู่ที่ไหนครับ	비즈니스 센터가 어디에 있어요?
สระน้ำอยู่ชั้นไหนคะ	수영장은 몇 층이에요?
เวลาทำการฟิตเนตนี่เปิดปิดกี่โมงครับ	피트니스 이용 시간은 어떻게 돼요?
อยากฝากของมีค่าค่ะ	귀중품을 맡기고 싶어요.
ขอฝากกุญแจหน่อยครับ	열쇠 좀 맡아 주세요.
ช่วยทำความสะอาดห้องดิฉันหน่อยค่ะ	제 방을 청소해 주세요.
ขอโทษนะครับ ผมลืมหมายเลขห้องครับ	죄송합니다만, 제 방 번호를 잊어버렸어요.
ช่วยซักผ้าให้หน่อยค่ะ	세탁을 부탁합니다.
ห้องยังไม่ได้ทำความสะอาดเลยครับ	방 청소가 아직 안 되었습니다.
ขอเปลี่ยนเป็นห้องอื่นค่ะ	다른 방으로 바꿔 주세요.
ขอผ้าเช็ดตัวอีกครับ	수건을 더 주세요.
โถส้วมเสียค่ะ	변기가 고장 났어요.
ขอเปลี่ยนเป็นผ้าห่มผืนใหม่ครับ	다른 담요로 바꿔 주세요.
ห้องข้างส่งเสียงดังมากค่ะ	옆 방이 너무 시끄러워요.
ที่ทำน้ำอุ่นไม่ทำงานครับ	온수가 나오지 않아요.
วางกุญแจไว้ในห้องแล้วล็อกประตูค่ะ	방에 열쇠를 둔 채 문을 잠갔습니다.
ช่วยเรียกคนที่ช่วยขนของให้หน่อยครับ	짐을 들어 줄 사람을 불러 주세요.
อยากไปก่อนหนึ่งวันค่ะ	하루 일찍 나가고 싶어요.
สามารถพักอีกคืนได้ไหมครับ	하룻밤 더 묵을 수 있어요?
พัก 2 คืนแล้วจะเช็คเอ๊าท์ตอนเช้ามะรืนนี้ค่ะ	이틀 묵고 모레 아침에 체크아웃 하겠어요.
ห้องผมสกปรกเกินไป ขอช่วยทำความสะอาดอีกหน่อย	제 방이 너무 더러워요. 청소 좀 다시 해 주세요.

สงสัยเครื่องแอร์ไม่ทำงาน ห้องผมร้อนเกินไป
ครับ

에어컨이 작동되지 않는 것 같아요. 제 방이 너무 더
워요.

21 ไม่สบาย

회화 

มินแจ วันนี้สุดามาเรียนหรือเปล่าจ๊ะ
민재 오늘 쑤다 수업에 왔니?

ปัญญา เอ...ไม่เห็นนะ หรือว่าจะไม่สบาย เดี๋ยวถามคาวีก่อน
빤야 어! 보지 못했는데. 몸이 아픈가? 잠시 후에 카위에게 물어 보자.

คาวี วันนี้สุดาไม่มาเรียน ปวดหัวและมีไข้
카위 쑤다는 오늘 공부하러 오지 않았어. 머리가 아프고 열이 있대.

มินแจ เป็นไข้หวัดหรือเปล่า จามและไอด้วยหรือเปล่า
민재 감기인가? 재채기도 하고 기침도 하니?

คาวี เมื่อเช้าสุดาบอกว่าจะไปหาหมอที่โรงพยาบาล เวลาพูดก็มีไอไปด้วย
카위 오늘 아침 쑤다가 병원에 의사 선생님을 방문하러 갈 거라고 말했어. 말할 때도 기침이 있었어.

ปัญญา ดีแล้วที่รีบไปหาหมอ ดีกว่าจะให้มีอาการแย่ลงกว่านี้
빤야 서둘러 의사 선생님을 방문해서 좋았네. 지금보다 증상이 더 나빠지는 것보다 낫잖아.

มินแจ ตอนนี้อากาศเปลี่ยนแปลง ต้องดูแลสุขภาพให้ดี
민재 요즈음 날씨가 바뀌어서 건강을 잘 돌봐야 해.

คาวี   ใช่ วันก่อน เพื่อนอีกคนก็เป็นหวัด มีไข้ ตัวร้อน ไอมาก
และมีน้ำมูกด้วย

카위   맞아. 일전에 친구 한 명도 감기에 걸려 열도 있었고, 몸도 뜨겁고, 기침도 많았어.
그리고 콧물도 흘렸어.

มินแจ   เชื้อโรคตอนนี้ร้ายแรงกว่าเมื่อก่อนก็จริงอยู่
เพราะฉะนั้นเราต้องหมั่นออกกำลังกายอยู่เสมอนะ จะได้แข็งแรง

민재   요즘 병균은 과거보다 매우 강한 것은 사실이야.
그래서 우리는 항상 열심히 운동을 해야만 해. 그래야 건강해지지.

ปัญญา   ที่มินแจพูดเช่นนั้นก็สมเหตุผลแล้ว
แต่ถ้าเราไม่สบายขึ้นมาก็ต้องรีบไปหาหมอทันที
มิฉะนั้นอาการอาจจะหนักขึ้นก็เป็นได้

빠야   민재가 그렇게 말하는 것도 당연해.
그러나 우리는 몸이 아프면 즉시 서둘러 의사 선생님에게 방문해야 해.
그렇지 않으면 상태가 심해질 수도 있어.

คาวี   ก็ควรจะเป็นอย่างนั้น

카위   그렇게 해야만 해.

 단어 학습

ไม่สบาย 몸이 좋지 않다, 아프다, 불편하다 ▮ เป็นไข้หวัด 감기 걸리다 ▮ จาม 재채기하다 ▮ ไอ 기침하다
โรงพยาบาล 병원 ▮ อาการ 증상 ▮ แย่ 어렵다, 곤란하다, 곤경에 빠지다 ▮ เปลี่ยนแปลง 바꾸다, 변화하다
ดูแล 돌보다 ▮ วันก่อน 전에, 일전에 ▮ มีไข้ 열이 있다 ▮ น้ำมูก 콧물 ▮ เชื้อโรค 병균
ร้ายแรง 세다, 강하다, 사납다 ▮ หมั่น 부지런하다, 열심이다 ▮ เสมอ 항상, 언제나 ▮ แข็งแรง 건강하다, 튼튼하다
ก็เป็นได้ …일 수도 있다

---

01 ก็จริงอยู่ …는 사실이다

เขาเป็นเศรษฐีก็จริงอยู่ แต่เขาเป็นคนขี้เหนียว
그가 큰 부자인 것은 사실이지만 그는 인색한 사람이다.

เขาไม่สบายก็จริงอยู่ แต่ไม่ถึงกับป่วยจนมาโรงเรียนไม่ได้
그가 몸이 좋지 않은 것은 사실이지만 학교에 올 수 없을 정도는 아니다.

---

02 เสมอ 항상

มีเงินแล้วไม่ใช่ดีเสมอไป
돈이 있다고 해서 항상 좋은 것은 아니다.

ทุกครั้งที่ลูกดิฉันไปโรงเรียนนั่งรถเมล์ไปเสมอ
내 자식은 학교에 갈 때마다 항상 버스를 타고 간다.

---

03 สมเหตุผล, มีเหตุผล 무리는 아니다, 이유가 있다

คำพูดของคุณก็สมเหตุผล ต้องรีบจัดการดีกว่า
당신의 말이 무리는 아냐. 서둘러 조치를 취하는 것이 더 좋을 거야.

คุณกังวลก็สมเหตุผลเนื่องจากเป็นงานหนัก
힘든 일이라서 당신이 걱정하는 것도 무리는 아니야.

---

04 ทันที 즉시

พอเลิกงานแล้วพนักงานพากันกลับบ้านหมดทันที
일이 끝나자마자 직원들은 즉시 전부 귀가했다.

น้ำในแม่น้ำล้นออกมาทันทีเนื่องจากฝนตกมาก
비가 많이 오자 강물이 즉시 넘쳤다.

ต้องพยายามอย่างเต็มที่ มิฉะนั้นจะไม่สำเร็จ

최대한으로 노력을 해야 한다. 그렇지 않으면 성공하지 못할 것이다.

พูดตรงไปตรงมา มิฉะนั้นผมจะไม่เห็นหน้าคุณอีก

단도직입적으로 말해라. 그렇지 않으면 더 이상 너의 얼굴을 보지 않을 것이다.

연습문제

다음 문장을 태국어로 바꾸어 쓰시오.

01 그가 가난했던 것은 사실이지만 그는 항상 가능한 한 남을 도와 주려고 노력했다.

____

02 비록 우리의 몸은 떨어져 있지만 마음은 항상 가깝게 있습니다.

____

03 당신이 그렇게 말하는 것도 무리는 아닙니다. 서둘러 어떻게 해야겠네요.

____

04 10년 동안이나 헤어졌던 여자 친구를 만나자마자 그는 즉시 울음을 터트렸다.

____

05 이제 농부들이 계속해서 직업을 영위하도록 도와 주어야만 할 때가 되었다. 그렇지 않으면 그들
은 아마도 삶을 영위할 수가 없을 것이다.

____

____

เจ็บตรงไหนเหรอครับ	어디가 안 좋으세요?
กรุณาบอกอาการด้วยค่ะ	상태를 말씀해 주세요.
ป่วยเป็นอะไรครับ	어디가 아프세요?
ปวดท้องค่ะ	배가 아파요.
ปวดตั้งแต่เมื่อไหร่แล้วครับ	언제부터 아프셨어요?
เมื่อวานหลังจากทานอาหารเที่ยงค่ะ	어제 점심 먹은 이후부터요.
ปวดท้องอย่างเดียวเหรอครับ	배만 아프세요?
ไม่ค่ะ ท้องร่วงด้วยค่ะ	아니요, 설사도 해요.
มีอาการแบบนี้มานานรึยังครับ	이런 증상이 얼마나 되셨어요?
เริ่มเจ็บมาตั้งแต่เมื่อไหร่คะ	언제부터 아프기 시작했습니까?
มีอาการอื่นไหมครับ	다른 증상이 있습니까?
เจ็บตรงนี้ค่ะ	여기가 아파요.
ก่อนหน้านี้ก็ป่วยอยู่เนือง ๆ ครับ	전에도 자주 앓았어요.
มีญาติ ๆ ที่ป่วยเป็นโรคเดียวกันบ้างไหมคะ	친척 중에 같은 병을 앓는 분들이 있어요?
เคยป่วยเป็นไวรัสตับอักเสบ B ครับ	B형 간염에 걸린 적이 있어요.
ถ้าจับตรงนี้เจ็บไหมคะ	이쪽을 만지면 아프세요?
เจ็บยังไงครับ	어떻게 아프세요?
ทุกครั้งที่กดเจ็บเหมือนโดนเข็มแทงเลยค่ะ	누를 때마다 바늘로 찌르는 듯이 아파요.
นอนลงตรงนี้ครับ	여기에 누우세요.
ลองยกแขนขึ้นสิคะ	팔을 올려 보세요.
งอเข่าสิครับ	무릎을 구부리세요.
สูดหายใจลึก ๆ สิคะ	숨을 깊이 들이마시세요.
กลั้นหายใจครับ	숨을 멈추세요.
หายใจออกสิคะ	숨을 내쉬세요.
ช่วยถลกเสื้อขึ้นหน่อยครับ	옷을 걷어 올려 주세요.

นาน ๆ ปวดทีค่ะ	이따금 아파요.
ปวดเมื่อยตุ๊บ ๆ ไปหมดค่ะ	욱신욱신 쑤셔요.
ปวดเหมือนโดนบิดครับ	쥐어짜는 듯이 아파요.
ตอนดึก ๆ ยิ่งเจ็บรุนแรงค่ะ	밤에는 통증이 더 심해져요.
ตื่นตอนเช้าเจ็บที่สุดครับ	아침에 일어날 때가 제일 아파요.
จะเขียนใบสั่งยาให้นะคะ	처방전을 써 드리겠습니다.
แพ้อะไรไหมครับ	알레르기가 있어요?
ฉีดยาสักเข็มแล้วค่อยไปนะคะ	주사도 한 대 맞고 가세요.
ขอตรวจอย่างละเอียดอีกรอบนะครับ	좀 더 자세히 알기 위해서 다시 한번 검사를 할 거예요.
แพ้เพนนิซิลินค่ะ	페니실린 알레르기가 있어요.
ขอวัดอุณหภูมิร่างกายหน่อยครับ	체온 좀 잴게요.
ขอวัดความดันเลือดหน่อยนะคะ	혈압을 재겠습니다.
มียาที่กำลังทานเป็นประจำไหมครับ	정기적으로 복용하고 있는 약이 있어요?
ค่อนข้างนอนดึกค่ะ	밤늦게 자는 편이에요.
ค่อนข้างดื่มเหล้าบ่อยครับ	술을 자주 마시는 편이에요.
ถ้าอาการไม่ทุเลา ค่อยกลับมาใหม่อีกครั้งนะคะ	차도가 없으면 다시 오세요.
กำลังทานยาควบคุมความดันอยู่ครับ	혈압 약을 먹고 있어요.
เป็นโรคร้ายแรงเหรอคะ	큰 병이에요?
ต้องนอนโรงพยาบาลไหมครับ	입원해야 해요?
เก็บปัสสาวะใส่นี่มานะคะ	여기에 소변을 담아 오세요.
ถลกแขนเสื้อขึ้นครับ	소매를 걷으세요.
สามารถทราบผลได้ประมาณเมื่อไหร่คะ	언제쯤 결과를 알 수 있어요?
ปวดกระเพาะเวลาที่ท้องว่างครับ	공복에는 위가 따끔거려요.
แล้วทานอาหารทุกมื้อไหมคะ	식사는 끼니 때마다 해요?
ไม่ครับ งดอาหารบ่อย ๆ ครับ	아니요, 자주 걸러요.
หลังทานอาหาร เรอบ่อย ๆ ค่ะ	식사한 뒤에 트림을 자주 해요.
อาหารย่อยดีไหมครับ	소화는 잘 되세요?
ไม่ค่ะ แน่นจุกเสียดกระเพาะค่ะ	아니요, 위에 압박감이 있어요.

คลื่นไส้อาเจียนครับ	속이 메스꺼워요.
ท้องเสียค่ะ	배탈이 났어요.
ท้องร่วงครับ	설사해요.
ไม่อยากอาหารค่ะ	식욕이 없어요.
เมื่อยเนื้อเมื่อยตัวครับ	몸살이 났어요.
แน่นหน้าอกค่ะ	가슴이 답답해요.
วิงเวียนบ่อย ๆ ครับ	자꾸 어지러워요.
วิงเวียนศีรษะเหมือนจะเป็นลมค่ะ	어지러워서 쓰러질 것 같아요.
เหมือนจะอาเจียนครับ	토할 것 같아요.
เหมือนได้ทานอาหารบูดค่ะ	상한 음식을 먹은 것 같아요.
เรอบ่อย ๆ ครับ	트림이 많이 나요.
แน่นท้องเป็นประจำค่ะ	속이 항상 거북해요.
เหนื่อยง่ายครับ	쉽게 피곤해져요.
หายใจหอบค่ะ	숨이 차요.
เหมือนหูจะอักเสบครับ	귀에 염증이 생긴 것 같아요.
คัดจมูกค่ะ	코가 막혀요.
น้ำมูกไหลไม่หยุดครับ	계속 콧물이 나요.
ไม่ค่อยได้กลิ่นค่ะ	냄새를 잘 못 맡겠어요.
สั่งน้ำมูกแรงไปเลยเจ็บครับ	코를 너무 세게 풀어서 아파요.
ในจมูกเกิดแผลค่ะ	코 안이 다 헐었어요.
ได้ยินไม่ค่อยชัดครับ	잘 안 들려요.
หูอื้อค่ะ	귀가 울려요.
น้ำเข้าหูครับ	귀에 물이 들어갔어요.
เกิดหนองในหูค่ะ	귀에서 고름이 나요.
แมลงเข้าหูครับ	귀에 벌레가 들어갔어요.
คอแห้งมากค่ะ	목이 너무 건조해요.
คอบวมครับ	목이 부었어요.
เสียงแหบค่ะ	목이 쉬었어요.

คอแห้งหิวน้ำบ่อยครับ	목이 자주 말라요.
คลำเจอฝีแข็ง ๆ ที่คอค่ะ	목에 딱딱한 혹이 만져져요.
เหมือนจะติดไข้หวัดใหญ่ครับ	독감에 걸린 것 같아요.
จามบ่อยค่ะ	재채기가 계속 나와요.
มีเสมหะครับ	가래가 나와요.
มีเลือดปนน้ำมูกออกมาค่ะ	콧물에 코피가 섞여 나와요.
คันไหมครับ	가려워요?
มีสิวขึ้นที่หน้าค่ะ	얼굴에 여드름이 났어요.
ขึ้นตั้งแต่เมื่อไหร่แล้วครับ	언제부터 생겼어요?
อะไรขึ้นที่ผิวก็ไม่รู้ค่ะ	이상한 게 피부에 생겼어요.
ริมฝีปากฉีกครับ	입술이 찢어졌어요.
ไหม้แดดค่ะ	햇볕에 탔어요.
แพ้ลูกท้อครับ	복숭아 알레르기가 있어요.
แผลเป็นหนองค่ะ	상처가 곪았어요.
โดนผึ้งต่อยครับ	벌에 쏘였어요.
มือแห้งแตกค่ะ	손이 텄어요.
หิดขึ้นครับ	옴이 올랐어요.
เกิดแผลเป็นไหมคะ	흉터가 생길까요?
ปัสสาวะเสร็จแต่รู้สึกเหมือนปัสสาวะไม่สุดครับ	소변 후에 시원하지 않아요.
ไม่ค่อยปัสสาวะค่ะ	소변 보기가 어려워요.
ปัสสาวะบ่อยมากครับ	소변을 자주 봐요.
ปัสสาวะสีเข้มค่ะ	소변 색깔이 진해요.
เหมือนว่าขาหักครับ	다리가 부러진 것 같아요.
นอนลงตรงนี้ก่อนค่ะ ไปเจ็บมาจากไหนคะ	여기에 누우세요. 어디에서 다쳤어요?
ลื่นตกบันไดครับ	계단에서 미끄러졌어요.
ต้องเอ็กซ์เรย์ดูก่อนนะคะ	엑스레이를 찍어 봐야겠어요.
ถูกมีดแทงครับ	칼에 찔렸어요.
เศษแก้วบาดมือค่ะ	유리 조각에 손을 베었어요.

ออกกำลังกายแล้วได้แผลครับ	운동하다가 다쳤어요.
ข้อเท้าพลิกค่ะ	발목을 삐었어요.
แขนไร้ความรู้สึกครับ	팔에 감각이 없어요.
ไหล่ทางนี้ขัดค่ะ	이쪽 어깨가 뻐근해요.
เจ็บคอมากจนไม่สามารถเอี้ยวบ่าได้เลยครับ	목이 너무 아파서 고개를 돌릴 수가 없어요.
คอเคล็ดค่ะ	목이 뻣뻣해요.
ตรงนี้เลือดออกครับ	여기서 피가 나요.
หัวแตกค่ะ	머리가 깨졌어요.
โดนน้ำร้อนลวกครับ	끓는 물에 데었어요.
ขาบวมค่ะ	다리가 부었어요.
ตาเกิดรอยช้ำครับ	눈에 멍이 들었어요.
แขนหลุดค่ะ	팔이 빠졌어요.
โดนหิมะกัดครับ	동상에 걸렸어요.
เกิดแผลพุพองค่ะ	물집이 잡혔어요.
ปวดเอวมากเลยครับ	허리가 너무 아파요.
ได้ยกของหนักอะไรไหมคะ	무거운 물건을 들었어요?
ครับ เมื่อวานขนของย้ายบ้านน่ะครับ	네, 어제 이삿짐을 날랐어요.
ปวดข้อต่อค่ะ	관절이 쑤셔요.
ที่เข่าซ้ายรู้สึกปวดเส้นประสาทครับ	왼쪽 무릎에 신경통이 있어요.
ปวดเอวบ่อย ๆ ค่ะ	자주 허리가 아파요.
จะชามือชาเท้าตอนเช้าค่ะ	아침이면 손발이 저려요.
ท้องผูกอย่างรุนแรงครับ	변비가 심해요.
ท้องผูกค่ะ	변비에 걸렸어요.
มีเลือดติดออกมากับอุจจาระครับ	대변을 볼 때 항상 피가 나와요.
ถ่ายอุจจาระปนเลือดค่ะ	혈변이 나와요.
เหมือนเป็นริดสีดวงทวารหนักครับ	치질인 것 같아요.
เด็กมีน้ำมูกออกเยอะเลยค่ะ	아이가 콧물을 많이 흘려요.
ขี้ตาเยอะและมีน้ำตาไหลครับ	눈곱이 끼고 눈물이 나요.

แพ้อะไรรึเปล่าคะ	알레르기가 있어요?
เอามือขยี้ตาบ่อยไหมครับ	손으로 자주 문질렀어요?
ดูหน่อยค่ะ เยื่อตาขาวอักเสบน่ะค่ะ	봅시다. 결막염이에요.
ตามัวครับ	눈이 침침해요.
คันตาค่ะ	눈이 가려워요.
เจ็บตาครับ	눈이 따끔거려요.
ตามีเลือดคั่งค่ะ	눈이 충혈됐어요.
ตาเป็นกุ้งยิงครับ	눈에 다래끼가 났어요.
ตาแห้งค่ะ	눈이 건조해요
เห็นภาพซ้อนครับ	두 개로 보여요.
เห็นเป็นจุดค่ะ	얼룩져서 보여요
ตอนเช้าเห็นมัว ๆ ครับ	아침에만 흐릿하게 보여요.
ตาบอดสีค่ะ	색맹이에요.
ทำเลสิกได้ไม่นานครับ	라식 수술을 한 지 얼마 안 됐어요.
อ่านหนังสือแค่นิดเดียวก็เมื่อยตาแล้วค่ะ	조금만 책을 읽어도 눈이 피곤해요.
ไม่สามารถเคี้ยวอาหารได้ครับ	음식물을 씹을 수가 없어요.
ลองอ้าปากกว้าง ๆ ดูหน่อยสิคะ	입을 크게 벌려 보세요.
ด้านขวาบนมีฟันผุนะครับ	오른쪽 윗니에 충치가 있어요.
ช่วยรักษาตอนนี้ให้หน่อยค่ะ	지금 치료해 주세요.
ครับ งั้นก็ต้องฉีดยาชาก่อนนะครับ	네, 우선 마취부터 할게요.
ฟันโยกค่ะ	이가 흔들거려요.
มาถอนฟันครับ	이를 뽑으러 왔어요.
มีฟันผุค่ะ	충치가 있어요.
เหมือนว่าต้องอุดฟันผุนะครับ	충치를 때워야겠어요.
ฟันกรามซี่สุดท้ายขึ้นแล้วค่ะ	사랑니가 났어요.
ถ้าดื่มของเย็น ๆ จะเสียวฟัน	찬 것을 먹으면 이가 시려요.
ปวดฟันเลยเคี้ยวอะไรไม่ได้ค่ะ	치통 때문에 씹을 수가 없어요.
กลิ่นปากรุนแรงครับ	입 냄새가 심해요.

มีเลือดออกตามเหงือกค่ะ	잇몸에서 피가 나요.
มาดัดฟันครับ	스케일링하러 왔어요.
อยากใส่ฟันปลอมค่ะ	의치를 해 넣고 싶어요.
จะฉีดยาชาให้นะครับ	마취 주사 놓겠습니다.
อยากบ้วนปากค่ะ	입 안을 헹구고 싶어요.
ได้ยินว่าคุณจิระศักดิ์เข้ารักษาตัวที่โรงพยาบาลครับ	찌라싹 씨가 입원했대요.
ค่ะ ได้ยินว่าวันอาทิตย์ก่อนเป็นลมค่ะ	네, 지난 일요일에 쓰러졌대요.
ต้องไปเยี่ยมไข้สักหน่อยแล้วนะครับ	문병을 가야겠어요.
เวลาเยี่ยมไข้เมื่อไหร่เหรอคะ	방문 시간이 언제예요?
ได้ยินว่าออกโรงพยาบาลหลังจากนี้อาทิตย์นึงครับ	일주일 후면 퇴원한대요.
ได้ยินว่าป่วยหนักค่ะ	위독하대요.
จะออกโรงพยาบาลได้เมื่อไหร่ครับ	언제 퇴원하세요?
ทำอะไรมาถึงบาดเจ็บเหรอคะ	어쩌다가 다치셨어요?
ค่อย ๆ ดีขึ้นแล้วครับ	조금씩 좋아지고 있어요.
หวังว่าจะหายเร็ว ๆ นี้นะคะ	곧 나아지기를 바라요.
ดูแลร่างกายด้วยนะครับ	몸조심하세요.
เห็นคุณหมอบอกว่าต้องพักรักษาตัวที่โรงพยาบาลสองเดือนนะคะ	의사가 두 달은 입원해야 한다고 하더군요.
มียาแก้เมาไหมครับ	멀미약이 있어요?
ขอยาแก้ปวดหน่อยค่ะ	진통제 좀 주세요.
ขอยาแอสไพรินครับ	아스피린 좀 주세요.
ขอยาฆ่าแมลงค่ะ	살충제 좀 주세요.
ขอยานอนหลับหน่อยครับ	수면제 좀 주세요.
ไม่สามารถซื้อยาได้หากไม่มีใบสั่งยานะคะ	처방전 없이는 약을 살 수 없어요.
ขอยาที่เหมือนกันกับอันนี้หน่อยค่ะ	이것과 같은 약 주세요.
ทานวันละสามครั้ง ครั้งละเม็ดครับ	한 알씩 하루에 세 번 드세요.

มีผลข้างเคียงไหมคะ	부작용이 있어요?
อาจจะง่วงนอนได้ครับ	졸릴 수 있어요.
กรุณาช่วยแจ้งวิธีการใช้ยานี้หน่อยค่ะ	이 약의 복용법을 알려 주세요.
ทานหกชั่วโมงต่อหนึ่งครั้งครับ	여섯 시간에 한 번씩 드세요.
ทานหลังรับประทานอาหารสามสิบนาทีค่ะ	식후 삼십 분 후에 드세요.
ถ้าทานยานี้แล้วจะง่วงไหมครับ	이 약을 먹으면 졸려요?
จัดยาให้หน่อยค่ะ	약을 지으려고 해요.
ขอใบสั่งยาด้วยครับ	처방전 주세요.
มียาแก้หวัดไหมครับ	감기약 있어요?

22

สถานการณ์ฉุกเฉิน

회 화

มินแจ	ใครก็ได้ช่วยด้วย ที่นี่มีคนเจ็บครับ ที่นี่มีหมอหรือพยาบาลไหมครับ
민재	누구든 도와 주세요! 여기 다친 사람이 있어요! 여기 의사나 간호사 있어요?
ผู้พบเห็นเหตุการณ์	**เกิดเรื่องอะไรเหรอคะ**
목격자	무슨 일이에요?
มินแจ	**คิดว่าถูกรถชนและได้รับบาดเจ็บ หมดสติแล้วล้มลงไปครับ**
민재	차에 치어서 부상당한 것 같아요. 의식을 잃고 쓰러졌어요.
ผู้พบเห็นเหตุการณ์	**ได้รับบาดเจ็บสักแค่ไหนคะ เลือดไหลและไม่หายใจ ใครปั๊มหัวใจเป็นบ้างคะ**
목격자	어느 정도 다쳤나요? 피를 흘리고 숨을 쉬지 않아요. 누가 심폐 소생술을 하실 줄 아는 분이 없으세요?
มินแจ	**ผมทำเป็นครับ**
민재	제가 할 수 있어요.
ผู้พบเห็นเหตุการณ์	**กว่าจะเรียกคุณหมอมากรุณาประคองหัวไว้ก่อนค่ะ ต้องห้ามเลือด**
목격자	의사선생님이 오기까지 우선 머리를 받쳐 주세요. 지혈을 해야 해요.

มินแจ　　　　รู้สึกอาการค่อยยังชั่วขึ้นมา เบอร์โทรแจ้งเหตุ คือ
เบอร์อะไรครับ แถว ๆ นี้มีโรงพยาบาลไหมครับ
กรุณาเรียกรถพยาบาลหน่อย

민재　　증세가 좀 차도가 있는 것 같네요.
응급 전화번호가 뭐죠? 이 근처에 병원이 있어요?
구급차를 불러 주세요.

ผู้พบเห็นเหตุการณ์　　เบอร์ หนึ่งห้าห้าสี่ค่ะ ฉันจะเรียกให้นะคะ

목격자　　1554이에요. 제가 불러 드릴게요.

มินแจ　　　　ขอบคุณที่ช่วยเหลือครับ

민재　　도와 주셔서 감사합니다.

- -

สุดา　　ฉันทำกระเป๋าหาย จะทำยังไงดีล่ะ

쑤다　　제가 가방을 잃어버렸어요? 어떻게 해야죠?

มินแจ　　คุณทำกระเป๋าหายที่ไหน

민재　　가방을 어디에서 분실했어요?

สุดา　　คิดว่าลืมไว้ในรถแท็กซี่นะ

쑤다　　택시에서 분실한 것 같아요.

มินแจ　　คุณจำหมายเลขทะเบียนรถได้ไหม

민재　　차량 번호 기억할 수 있어요?

สุดา　　ฉันจำไม่ได้

쑤다　　기억할 수 없어요.

มินแจ　　ในกระเป๋ามีอะไรสำคัญบ้าง

민재　　가방 안에 뭐 중요한 것 있어요?

สุดา   มีเอกสารสำคัญหลายอย่าง บัตรประจำตัว หนังสือเดินทาง
กระเป๋าสตางค์ บัตรธนาคาร กล้องถ่ายรูป แล้วอะไรอีก
ฉันก็จำไม่ได้

쑤다   여러 가지 중요한 서류가 있어요.
신분증, 여권, 동전 지갑, 은행카드, 사진기…
그리고 뭐가 더 있지? 기억할 수 없네요.

มินแจ   ถ้างั้น ไปแจ้งความกับตำรวจก่อนดีกว่า

민재   그러면, 경찰서에 가서 신고하는 것이 좋겠네요.

สุดา   ฉันต้องบอกอะไรบ้าง

쑤다   무엇 무엇을 말해야 하죠?

มินแจ   ก็บอกว่าคุณขึ้นรถแท็กซี่ นั่งจากที่ไหน จะไปที่ไหน

민재   택시를 어디에서 탔는지, 어디로 가려고 했는지를 말하세요.

สุดา   ฉันขึ้นแท็กซี่ที่สยาม จะไปสุขุมวิท

쑤다   싸얌에서 탔고, 쑤쿰윗으로 가려고 했어요.

มินแจ   แล้วตอนลงจากรถ คุณลืมกระเป๋าไว้บนรถแท็กซี่

민재   그러면 차에서 내릴 때 가방을 택시 안에 두고 잃어버렸군요.

สุดา   ใช่ ของเยอะมาก ฉันไม่น่าลืมเลย

쑤다   맞아요. 물건이 아주 많아요. 잃어버릴 게 아닌데.

มินแจ   ไม่เป็นไรครับ อย่างไรก็ตาม คุณก็ให้เบอร์โทรศัพท์กับตำรวจไว้ หาก
เขาเจอเขาจะได้ติดต่อกับคุณ

민재   괜찮아요. 어쨌든 경찰에게 전화번호를 남겨 두세요.
만약 그가 찾으면 당신에게 연락할 것입니다.

สุดา   ตกลงค่ะ ฉันนั่งแท็กซี่ทีไร ทำกระเป๋าหายทุกที

쑤다   알았어요. 난 택시를 탈 때마다 가방을 잃어버려요.

단어 학습

สถานการณ์ 상황 ▮ ฉุกเฉิน 긴급한, 비상의 ▮ เจ็บ 아프다 ▮ เหตุการณ์ 상황, 사태
เกิด 발생하다, 일어나다, 생기다, 태어나다 ▮ ถูก 수동 조동사 ▮ ชน 충돌하다 ▮ บาดเจ็บ 부상 당하다, 상처를 입다
หมด 없어지다, 사라지다 ▮ สติ 정신, 의식 ▮ ล้ม 넘어지다, 쓰러지다 ▮ ผู้พบเห็นเหตุการณ์ 목격자 ▮ เลือด 피
ไหล (피, 물 등이) 흐르다 ▮ หายใจ 숨쉬다 ▮ ปั๊มหัวใจ 심폐소생술을 하다 ▮ เป็น (조동사) …할 줄 안다
ประคอง 받치다, 지탱하다 ▮ ห้ามเลือด 지혈하다 ▮ เบอร์โทรแจ้งเหตุ 응급 전화번호 ▮ รถพยาบาล 구급차
ทำ...หาย 분실하다 ▮ หมายเลข 번호 ▮ ทะเบียนรถ 차량 등록 ▮ เอกสาร 서류 ▮ บัตรประจำตัว 신분증
หนังสือเดินทาง 여권 ▮ กระเป๋าสตางค์ 동전지갑 ▮ บัตรธนาคาร 은행카드 ▮ กล้องถ่ายรูป 사진기
แจ้งความ 신고하다, 사실을 알리다 ▮ ตำรวจ 경찰 ▮ ติดต่อ 연락하다, 접촉하다

핵심 포인트

01 **ถูก** …에 닿다, 맞히다, 적합하다, (수동 조동사) 당하다, 올바르다, (값이) 싸다

ถูกลอตเตอรี่
복권에 당첨되다.

เขาถูกตำรวจจับ
그는 경찰에게 잡혔다.

ผมตัดสินใจไม่ถูก
나는 올바르게 결정하지 못하겠다.

อาหารนี้ค่อนข้างถูกมาก
이 음식은 비교적 싸다.

02 **สักแค่ไหน, สักเพียงไร** 어느 정도

เขาร่ำรวยสักแค่ไหน
그는 어느 정도 부자이니?

เขาเดินไปได้สักแค่ไหน
그가 어느 정도 걸어갔을까?

03   **กว่าจะ**   ···하기까지

กว่าจะถึงบ้านต้องไปอีก ประมาณ ๓ ชั่วโมง
> 집에 도착하기까지는 3시간 더 가야 한다.

กว่าเขาจะมาอยู่ที่กรุงเทพเขามีชีวิตลำบากมามากมาย
> 방콕에 와서 살기까지는 그는 많은 고생을 했다.

04   **ห้าม**   ···금지

ห้ามสูบบุหรี่ต่อหน้าผู้ใหญ่
> 어른 앞에서 담배 피는 것 금지!

ตั้งแต่วันนี้ห้ามดื่มเหล้า
> 오늘부터 술 마시는 것을 금지!

05   **ค่อยยังชั่ว**   다행이다, 차도 있다

เมื่อก่อนผมยากจนมากแต่เดี๋ยวนี้ค่อยยังชั่วขึ้น
> 나는 전에는 몹시 가난했으나 지금은 한결 나아졌다.

พี่ชายเป็นอันธพาลแต่ค่อยยังชั่วที่น้องไม่เป็นเช่นนั้น
> 형은 깡패이나 동생은 그렇지 않은 것이 다행이다.

06   **อย่างไรก็ตาม อย่างไรก็ดี**   어쨌든

อย่างไรก็ตามเราต้องผนึกกำลังเข้ากับฝ่ายนั้นจึงจะชนะเขาได้
> 어쨌든 그 편과 힘을 합해야 이길 수 있다.

อย่างไรก็ตามผมจะดำเนินการงานนั้นตามที่ผมตั้งใจไว้
> 어쨌든 나는 작정한 대로 그 일을 추진할 것이다.

07 ทีไร...ทุกที, ทีไร...ทีนั้น   ···할 때마다

คุณอามาบ้านผมทีไร ซื้อขนมมาฝากทุกที
아저씨는 나의 집에 오실 때마다 과자를 사 오신다.

ไปล่าสัตว์ทีไร เขานำสุนัขไปด้วยทุกที
그는 사냥하러 갈 때마다 매번 개를 데리고 간다.

연습문제

다음 문장을 태국어로 바꾸어 쓰시오.

01 현재 한국 경제는 값싼 노동력을 가진 중국 경제로부터 위협받고 있습니다.

____

02 그가 태국에 대해 어느 정도 지식을 가지고 있는지 궁금하다.

____

03 공공 공원에서 큰소리로 떠드는 것은 금기사항입니다.

____

04 내가 박물관을 찾기까지 3시간 정도 걸렸다.

____

05 지금 아버지의 병세는 한결 차도가 있습니다.

____

06 어쨌든 내일까지는 이 작업을 반드시 마쳐야 한다.

____

07 나는 태국에 갈 때마다 매번 내가 유학했던 대학교를 방문해야 한다.

____

เอากล่องปฐมพยาบาลออกมาครับ	응급 상자를 가져오세요.
เคลื่อนไหวไม่ได้ค่ะ	움직일 수가 없어요.
เหมือนหัวใจหยุดเต้นครับ	심장마비 같아요.
ถูกมีดแทงค่ะ	칼에 찔렸어요.
ถูกรถชนครับ	차에 치였어요.
เด็กกลืนเหรียญค่ะ	아기가 동전을 삼켰어요.
เหมือนขาหักครับ	다리가 부러진 것 같아요.
ไม่เห็นกระเป๋าของดิฉันเหรอคะ	혹시 제 가방 못 보셨어요?
ไม่ครับ หาดูดีแล้วเหรอครับ	아니요, 잘 찾아 봤어요?
ค่ะ หาดูดีแล้ว แต่ไม่มีค่ะ	네, 잘 찾아 봤는데 없어요.
เห็นมันครั้งสุดท้ายเมื่อไหร่ครับ	그걸 마지막으로 본 게 언제였죠?
คิดไม่ออกค่ะ	기억이 안 나요.
ลองหาดูดี ๆ อีกครั้งครับ	다시 한 번 잘 찾아 보세요.
ลืมว่าเอาวางไว้ที่ไหนคะ	어디에 두었는지 잊어버렸어요.
หายังไงก็ไม่มีครับ	아무리 찾아도 없어요.
อันนี้เป็นของที่คุณหาใช่ไหมคะ	이게 당신이 찾고 있던 건가요?
ศูนย์รับแจ้งของหายอยู่ที่ไหนครับ	분실물 취급소는 어디에 있어요?
ศูนย์เก็บของหายอยู่ที่ไหนคะ	유실물 센터는 어디인가요?
สถานีตำรวจอยู่ที่ไหนครับ	경찰서가 어디에요?
ช่วยด้วย ลูกของดิฉันหายค่ะ	도와 주세요! 제 아이를 잃어버렸어요.
เห็นเด็กครั้งสุดท้ายที่ไหนครับ	아이를 마지막으로 본 곳이 어디죠?
ที่ห้องน้ำค่ะ 10 นาทีก่อนยังอยู่อยู่เลย	화장실이에요. 십 분 전까진 있었어요.
งั้น ลองหาดูด้วยกันครับ	그럼, 함께 찾아 봐요.
ทราบไหมว่าคุณสมชายไปไหนคะ	쏨차이 씨가 어디 갔는지 아세요?
ที่นั่นไม่มีใครเลยครับ	거긴 아무도 없어요.

เขาอยู่ที่โน่นค่ะ	그 사람 저기 있어요!
เมื่อกี้เขาไปทางโน้นครับ	조금 전에 저쪽으로 갔어요.
แล้วตอนนี้อยู่ที่ไหนคะ	그러면, 지금은 어디 있어요?
กรุณาอธิบายว่าเขามีลักษณะอย่างไรครับ	그 사람이 어떻게 생겼는지 말씀해 보세요.
ประกาศหาเด็กหายประกาศที่ไหนเหรอคะ	미아 찾기 방송은 어디서 해요?
อันนี้เป็นกระเป๋าสตางค์ของคุณไหมครับ	이것이 당신 지갑이에요?
มีของหายไหมคะ	없어진 것이 있어요?
เจอแล้วครับ อยู่นี่ครับ	찾았어요! 여기 있어요!
ขอบคุณที่หาให้นะคะ	찾아 주셔서 감사합니다.
ช่วยด้วยครับ กระเป๋าหายครับ	도와 주세요. 가방을 잃어버렸어요.
หายเมื่อไหร่ ที่ไหนเหรอคะ	언제, 어디서 잃어버렸어요?
วางกระเป๋าทิ้งไว้ในรถเมล์ครับ	버스에 가방을 두고 내렸어요.
ในกระเป๋ามีของสำคัญไหมคะ	가방에 중요한 것이 있습니까?
มีกระเป๋าสตางค์ บัตรเครดิตและหนังสือเดินทางครับ	지갑과 신용카드, 그리고 여권이 들어있어요.
กรุณากรอกใบแจ้งนี้ค่ะ เราจะติดต่อไปโดยเร็ว	여기 사고 신고서를 작성해 주세요. 곧 연락 드리겠습니다.
ผมพักจนถึงวันจันทร์ กรุณาติดต่อด้วยนะครับ	저는 월요일까지 머물러요. 꼭 연락해 주세요.
อยากแจ้งของถูกขโมยค่ะ	도난 신고를 하고 싶어요.
ผมโดนล้วงกระเป๋าสตางค์ครับ	제 지갑을 소매치기 당했어요.
คิดไม่ออกว่าทำหายที่ไหนค่ะ	어디에서 잃어버렸는지 기억이 나질 않아요.
ไม่ได้จดรหัสบัตรไว้ครับ	카드 번호는 적어 두지 않았어요.
จำหมายเลขหนังสือเดินทางไม่ได้ค่ะ	여권 번호가 기억나질 않아요.
ขอใบแจ้งอุบัติเหตุครับ	사고 신고서를 주세요.
กรุณาช่วยติดต่อสถานทูตเกาหลีตอนนี้ค่ะ	지금 한국 대사관으로 연락해 주세요.
มีอะไรให้ช่วยไหมครับ	무엇을 도와드릴까요?
ทำบัตรเครดิตหาย กรุณาระงับให้ด้วยค่ะ	신용카드를 분실했어요. 정지시켜 주세요.
ครับ ถ้างั้น ตรวจสอบข้อมูลสมาชิกก่อนครับ	네, 그럼 먼저 회원 정보를 확인하겠습니다.

อยากให้ออกบัตรให้ใหม่ค่ะ	카드를 재발급 받고 싶어요.
ช่วยด้วย ไว้ชีวิตผมด้วย	사람 살려! 살려 주세요!
เอาไปให้หมดเลยค่ะ กรุณาไว้ชีวิตฉันด้วย	다 가져가세요. 목숨만 살려 주세요.
โจร	강도야!
ช่วยด้วย	도와 주세요!
ขโมย	도둑이야!
เรียกตำรวจให้ด้วยครับ	경찰을 불러 주세요.
หยุดตรงนั้น	거기 서!
เงียบ	조용히 해!
อย่าดิ้น ยิงนะ	꼼짝 마! 쏜다!
เหมือนมีโจรเข้ามาค่ะ	강도가 든 것 같아요.
ที่อยู่อยู่ที่ไหนเหรอครับ	주소가 어떻게 되십니까?
แจ้งเหตุทำร้ายร่างกายหมายเลขโทรศัพท์อะไรนะคะ	범죄 신고 전화번호가 뭐예요?
หนึ่งเก้าหนึ่งครับ	191입니다.
โจรขึ้นบ้านเพื่อนบ้านค่ะ	이웃집에 강도가 들었어요.
รีบมาด่วนเลยนะครับ	빨리 와 주세요.
ใครไม่รู้ยิงปืนค่ะ	누군가가 총을 쐈어요.
เกิดเหตุการณ์ตีกันเป็นหมู่ครับ	패싸움이 벌어졌어요.
มีผู้พบเห็นเหตุการณ์อยู่ไหมคะ	혹시 목격자 계신가요?
ผมเห็นเหตุการณ์ทั้งหมดครับ	제가 다 봤어요.
กรุณาอธิบายรูปพรรณสัณฐานค่ะ	인상착의를 설명해 주세요.
เป็นชายหนุ่มสวมเสื้อดำครับ	검은 옷을 입은 젊은 남자였어요.
ดิฉันคือผู้พบเห็นเหตุการณ์ค่ะ	제가 목격자예요.
ผมไม่รู้เรื่องอะไรเลยครับ	저는 아무것도 몰라요.
วิ่งไปทางโน้นค่ะ	저쪽으로 달아났어요.
จดหมายเลขป้ายทะเบียนรถไว้แล้วครับ	자동차 번호를 적어 놨어요.
เขาตั้งใจจะลวนลามดิฉันค่ะ	그 사람이 성추행하려 했어요.

เขาเข้ามาแตะเนื้อต้องตัวผมครับ	그 사람이 몸을 자꾸 밀착시켰어요.
ไฟไหม้	불이야!
รีบดับไฟ	빨리 불을 꺼요.
ถังดับเพลิงอยู่ที่ไหนคะ	소화기는 어디 있어요?
หลบเร็วครับ	빨리 피해요.
ไปเอาน้ำมาค่ะ	물을 가져와요.
มีแต่ควันเลยมองไม่เห็นครับ	연기 때문에 안 보여요.
บ้านโน้นมีคนอยู่ค่ะ	저 집에 사람이 있어요.
ออกมาจากตรงนั้นเดี๋ยวนี้ครับ	당장 거기서 나오세요.
ช่วยหาน้องของดิฉันด้วยค่ะ	제 동생을 찾아 주세요.
ไฟไหม้ โทรฯไปที่สถานีดับเพลิงครับ	불이야! 소방서에 전화해요!
สถานีดับเพลิงหมายเลขอะไรคะ	소방서가 몇 번이죠?
หนึ่งเก้าเก้าครับ มีอะไรให้ช่วยไหมครับ	199입니다. 무엇을 도와 드릴까요?
ไฟไหม้ที่โรงรถค่ะ	차고에 불이 났어요.
สาเหตุของไฟไหม้คืออะไรครับ	화재의 원인이 뭐예요?
ดูเหมือนลอบวางเพลิงค่ะ	방화 같아요.
เหมือนสถานการณ์ยังดีอยู่ครับ	아직은 상황이 괜찮은 것 같아요.
รีบหลบอันนั้นค่ะ	어서 그걸 피해요!
ฟ้าแลบครับ	번개가 쳐요.
ใต้ต้นไม้เป็นอันตรายค่ะ	나무 밑은 위험해요.
เกิดแผ่นดินไหวครับ	지진이 났어요.
ไปหลบที่ใต้โต๊ะค่ะ	책상 밑으로 숨어요.
ดูเหมือนว่าฝนจะตกเรื่อย ๆ ครับ	비가 계속 올 것 같아요.
เกิดน้ำท่วมค่ะ	홍수가 났어요.
รีบขึ้นไปอยู่ที่สูงครับ	빨리 높은 곳으로 올라가세요.
พายุไต้ฝุ่นกำลังมาค่ะ	태풍이 오고 있어요.

23

หาที่พักที่ประเทศไทย

회화

เจ้าของบ้าน **มาทำไมเหรอคะ**
집주인 어떻게 오셨어요?

มินแจ **กำลังหาห้องเช่าครับ มีห้องว่างไหมครับ**
민재 방을 구하고 있어요. 빈방 있나요?

เจ้าของบ้าน **มีค่ะ**
집주인 있습니다.

มินแจ **ตอนนี้ดูห้องได้ไหมครับ**
민재 지금 방을 볼 수 있어요?

เจ้าของบ้าน **ได้ค่ะ ลองดูก่อนค่ะ**
집주인 물론입니다. 우선 둘러 보세요.

มินแจ **ห้องสะอาดดีนี่ครับ**
민재 방이 깨끗하네요.

เจ้าของบ้าน **ค่ะ พึ่งตกแต่งใหม่ได้ไม่นานนี้เองค่ะ**
ยิ่งไปกว่านั้นห้องนี้แดดส่องดีด้วยนะคะ
집주인 네. 새로 인테리어를 한 지 얼마 안 됐어요.
게다가 이 방은 볕이 잘 들기도 해요.

มินแจ
민재
เฟอร์นิเจอร์ทั้งหมดนี้สามารถใช้ได้ใช่ไหมครับ
여기 있는 가구도 모두 쓸 수 있어요?

เจ้าของบ้าน
집주인
ใช่ค่ะ แน่นอน
네, 당연하죠.

มินแจ
민재
ละแวกนี้เงียบครับ ค่าเช่ารายเดือนเท่าไหร่ครับ
주변이 조용하군요. 월세는 얼마예요?

เจ้าของบ้าน
집주인
เดือนละห้าพันบาทค่ะ
한 달에 오천 바트예요.

มินแจ
민재
ค่ามัดจำเท่าไหร่ครับ
보증금은 얼마예요?

เจ้าของบ้าน
집주인
เท่ากับจำนวนค่าเช่าหนึ่งเดือนค่ะ
한 달 치 월세랑 같아요.

มินแจ
민재
ระยะสัญญาเท่าไหร่ครับ
계약 기간은 얼마예요?

เจ้าของบ้าน
집주인
ไม่ต่ำกว่าหนึ่งปีค่ะ
일 년 단위입니다.

มินแจ
민재
ค่าไฟปกติเท่าไหร่เหรอครับ
전기 요금은 얼마 정도 나와요?

เจ้าของบ้าน
집주인
แล้วแต่คุณใช้นะคะ ถ้าใช้แอร์มากค่าไฟฟ้าก็จะเพิ่มขึ้น
คุณต้องรู้ว่าค่าไฟฟ้าในเมืองไทยค่อนข้างแพงนะคะ
당신이 사용하기에 달려 있어요. 만약 에어컨을 많이 사용하면 전기료가 많아질 거예요.
태국에서는 전기료가 비교적 비싸다는 것을 아셔야 합니다.

| มินแจ | **แล้วค่าดูแลรักษาเดือนหนึ่งประมาณเท่าไหร่ครับ** |
| 민재 | 그럼 관리비는 한 달에 얼마 정도 나와요? |

| เจ้าของบ้าน | **ประมาณ 700-1,000 บาทค่ะ** |
| 집주인 | 대략 700-1,000바트입니다. |

| มินแจ | **รู้สึกแพงไม่น้อยไปกว่าในเมือง แล้วใช้อินเทอร์เน็ตได้ใช่ไหมครับ** |
| 민재 | 시내 못지 않게 비싸군요. 그런데 인터넷 사용이 가능하죠? |

| เจ้าของบ้าน | **ใช่ค่ะ นี่ไอดีกับรหัสค่ะ จะย้ายเข้าเมื่อไหร่คะ** |
| 집주인 | 네, 여기 아이디와 비밀번호가 있어요. 언제 이사 하시겠어요? |

| มินแจ | **ย้ายเข้าภายในสัปดาห์หน้าครับ ไหน ๆ ก็ มาแล้ว ทำสัญญาหน่อยครับ** |
| 민재 | 다음 주 내로 할게요. 기왕에 왔으니 계약을 하죠. |

단어 학습

เจ้าของ 주인 ❚ เช่า 빌리다, 렌트(lent)하다 ❚ พึ่ง 방금, 금방(= เพิ่ง) ❚ ตกแต่ง 치장하다, 꾸미다 ❚ ส่อง 비추다
เฟอร์นิเจอร์ 가구(furniture) ❚ ละแวก 주변, 근처 ❚ เงียบ 조용하다 ❚ รายเดือน 월, 월별 ❚ ค่ามัดจำ 보증금
จำนวน 수, 수량 ❚ ระยะ 기간 ❚ สัญญา 계약하다 ❚ ไฟ 전기(= ไฟฟ้า), 불 ❚ แอร์ 에어컨
ค่าดูแลรักษา 관리비 ❚ รหัส 번호, 코드(code) ❚ ย้าย 옮기다, 이사하다

01 ได้ไม่นาน   …한 지 얼마 안 되어

เพื่อนผมเรียนภาษาไทยได้ไม่นานก็อ่าน เขียนและพูดภาษาไทยได้
내 친구는 태국어를 배운 지 얼마 안 되어 읽고, 쓰고, 말할 수 있다.

โชคดีคอยอยู่ได้ไม่นานรถเมล์ก็มาถึง
운이 좋게도 기다린 지 얼마 안 되어 버스가 도착했다.

02 ยิ่ง(ไป)กว่านั้น   게다가, 그보다 더한 것은

เขาเป็นคนฉลาด ยิ่งไปกว่านั้นเขาร่ำรวยด้วย
그는 현명한 사람이고, 게다가 부자이기도 하다.

เธอเรียนก็เก่ง ยิ่งกว่านั้นการกีฬาก็เก่งด้วย
그녀는 공부를 잘하고, 게다가 운동도 잘한다.

03 เท่ากับ, เหมือนกับ, อย่างกับ   …와 마찬가지로, …만큼

วันเวลาผ่านไปอย่างรวดเร็วเท่ากับลูกธนู
세월은 화살처럼 빨리 지나간다.

ผู้ชายคนนั้นว่านอนสอนง่ายอย่างกับลูกแกะ
그 남자는 어린 양같이 온순하다.

04 ภายใน   …(이)내에 , …안에

ส่งการบ้านมาภายใน ๓ วัน
3일 이내에 숙제를 제출하시오.

คุณพ่อจะกลับมาจากประเทศอังกฤษภายใน ๒ หรือ ๓ วัน
아버지는 2~3일 내에 영국에서 돌아오실 것이다.

ไหน ๆ ก็ออกมานอกเมืองแล้วเล่นกันให้เต็มที่
기왕에 교외로 나왔으니 실컷 놀자.

ไปซื้อของที่ห้างสรรพสินค้าหน่อย ไหน ๆ ก็เข้าเมืองมาแล้ว
기왕에 시내에 나왔으니 백화점에 물건 사러 가자.

연습문제

다음 문장을 태국어로 바꾸어 쓰시오.

01 결혼한 지 얼마 안 되어 그는 이혼했다.

____

02 중국의 인구는 세계 1위이다. 게다가 최근 중국은 세계에서 중요한 경제대국의 하나로 변했다.

____

____

03 이 세계에서 컴퓨터만큼 우수한 능력을 갖춘 어떠한 인간도 없다.

____

04 그는 태국에서 한 달 내에는 반드시 돌아올 것이다.

____

05 이왕 옷을 사는 김에 동생 것도 사 줘야겠다.

____

จ่ายค่าเช่ารายเดือนเมื่อไหร่ครับ	월세는 언제 내요?
จ่ายทุกวันที่ 25 ของเดือนค่ะ	매월 25일까지 내세요.
บ้านนี้อยู่ทางตะวันออกเฉียงใต้ใช่ไหมครับ	이 집은 동남향이에요?
บ้านเก่าจังค่ะ	집이 낡았어요.
บ้านดูกว้างขวางดีนะครับ	집이 넓어 보여요.
ละแวกนี้เสียงดังค่ะ	주변이 시끄럽네요.
ถ้าบ้านมีปัญหาต้องติดต่อที่ใครครับ	집에 문제가 생기면 누구에게 연락해요?
จะสามารถเข้าอยู่ได้เมื่อไหร่ค่ะ	언제 입주할 수 있어요?
เข้าเมื่อไหร่ก็ได้ครับ เพราะบ้านก็ว่างอยู่ครับ	언제든 입주 가능합니다. 집은 이미 비어 있습니다.
ถูกใจก็จริงนะคะ แต่แพงไปนิดหนึ่ง	마음에 들지만 조금 비싸요.
ช่วยถามให้หน่อยนะครับว่าจะลดราคาให้อีกหน่อยได้ไหมครับ	가격을 낮출 수 있는지 알아봐 주세요.
กำลังหาห้องเช่ารายเดือนค่ะ	월세 방을 구하고 있어요.
กำลังหาบ้านที่มีห้อง 3 ห้องน่ะครับ	방이 세 개인 집을 구하고 있어요.
ห้องนอนอยู่ไหนคะ	침실은 어디예요?
อยู่นี่ครับ	여기입니다.
บ้านมีห้องกี่ห้องครับ	방이 몇 개예요?
มีทั้งหมดห้าห้องค่ะ ห้องนอนสาม ห้องน้ำสองค่ะ	모두 5개입니다. 침실이 3개, 화장실이 2개입니다.
ขอดูอพาร์ตเมนท์หน่อยได้ไหมครับ	아파트 좀 보여 주시겠어요?
เดี๋ยวให้ดูบ้านค่ะ	집을 보여 드릴게요.
สร้างเมื่อไหร่ครับ	언제 지어졌어요?
ห้องน้ำอยู่ที่ไหนเหรอคะ	화장실은 어디예요?
ห้องอาบน้ำใช้รวมกันเหรอครับ	욕실은 함께 써야 해요?
บันไดอยู่ที่ไหนเหรอคะ	계단은 어디 있어요?

มีห้องใต้ดินไหมครับ	지하실이 있어요?
ที่จอดรถอพาร์ตเม้นท์กว้างไหมคะ	아파트 주차장은 넓어요?
ต้องการย่านไหนครับ	어떤 지역을 원하세요?
ช่วยหาแถว ๆ สถานีสุขุมวิทให้หน่อยค่ะ	쑤쿰윗 역 근처에 있는 것으로 구해 주세요.
กำลังหาบ้านราคาประมาณเท่าไหร่ครับ	어느 정도 가격의 집을 찾으세요?
คิด ๆ ไว้ว่าเดือนหนึ่งประมาณหกพันบาทค่ะ	한 달에 6,000바트 정도로 생각하고 있어요.
มีบ้านที่ตรงตามเงื่อนไขไม่กี่หลังครับ	조건에 맞는 집이 몇 채 안 되네요.
สามารถดูได้เมื่อไหร่คะ	언제 볼 수 있어요?
ขอดู ๆ แล้วจะติดต่อไปนะครับ	알아보고 연락 드리겠습니다.
ค่ะ จะรอนะคะ นี่เบอร์ติดต่อฉันค่ะ	기다릴게요. 이건 제 연락처입니다.
กำลังหาอพาร์ตเมนท์สองห้องนอนครับ	침실이 두 개인 아파트를 찾고 있어요.
ใกล้โรงเรียนหน่อยก็ดีค่ะ	학교에서 가까운 곳이 좋아요.
มีบ้านที่อยู่แถว ๆ สถานีรถไฟใต้ดินไหมครับ	지하철역 근처에 집이 있을까요?
ต้องการบ้านเดี่ยวมากกว่าอพาร์ตเมนท์ค่ะ	아파트보다는 주택을 원해요.
กำลังหาสำนักงานครับ	사무실을 구하고 있어요.
ถ้ามีบ้านที่ตกแต่งเฟอร์นิเจอร์ให้เรียบร้อยก็ดีสิ นะคะ	가구가 갖춰진 집이면 좋겠어요.
ถ้ารูมเมทเป็นคนจีนก็ดีสินะครับ	룸메이트는 중국인이었으면 해요.
หาหอที่มีแต่ผู้หญิงพักค่ะ	여자들만 사는 집을 구해요.
มีสัตว์เลี้ยงไหมครับ	애완동물이 있어요.
ช่วงนี้มูลค่าเป็นไงบ้างคะ	요즘 시세가 어때요?
อยากลงทุนทำอสังหาริมทรัพย์ครับ	부동산에 투자하고 싶어요.
ไกลจากสถานีรถไฟใต้ดินเหลือเกินค่ะ	지하철역에서 너무 멀어요.
ต้องจอดรถข้างทางเหรอครับ	노상 주차해야 해요?
เป็นระบบฮีตเตอร์รวมเหรอคะ	중앙 난방 방식이에요?
ใช้แก๊สนครหลวงเหรอครับ	도시가스예요?
ค่ะ จะถามเจ้าของบ้านให้ค่ะ	집주인에게 이야기해 보겠습니다.
ราคาซื้อขายเท่าไหร่ครับ	매매가가 얼마예요?

ต้องตัดสินใจก่อนเมื่อไหร่ค่ะ	언제까지 결정해야 해요?
แถวนี้ราคาบ้านเป็นไงบ้างครับ	이 지역의 집값은 얼마나 해요?
แพงกว่าบ้านหลังอื่นนะคะ	다른 집보다 비싸요.
เป็นราคาที่รวมค่าสาธารณูปโภคแล้วรึยังครับ	공과금이 포함된 가격이에요?
ขอดูบ้านหลังอื่นด้วยค่ะ	다른 집을 더 보여 주세요.
ขอเวลาอีกหน่อยครับ	좀 더 시간을 주세요.
ตัดสินใจเอาอพาร์ตเมนท์นี้ค่ะ	이 아파트로 결정할게요.
ตัดสินใจถูกแล้วครับ	잘 결정하셨습니다.
ช่วยมาทำสัญญาจองด้วยนะคะ	계약서 작성하러 와 주세요.
ในการทำสัญญามีอะไรจำเป็นบ้างครับ	계약에 필요한 게 있어요?
จำเป็นต้องมีเอกสารบุคคล เงินค่ามัดจำและค่าเช่าสามเดือนค่ะ	신분증과 보증금, 그리고 세달 치 월세가 필요합니다.
พยานจำเป็นด้วยไหมครับ	보증인도 필요해요?
ค่ะ ต้องมีคนหนึ่งค่ะ	네, 한 명 필요합니다.
ไม่จำเป็นต้องมีพยานครับ	보증인은 필요 없어요.
สัญญาเอาบ้านหลังนี้นะคะ	이 집으로 계약할게요.
ขอใบสัญญาเช่าได้ไหมครับ	임대 계약서를 주시겠습니까?
นี่คือ ผู้เช่า คุณ คิมชอลซู ค่ะ	이쪽은 임대인 김철수 씨입니다.
นี่คือ ผู้ให้เช่า คุณ รุ่งอรุณครับ	이쪽은 임차인 룽아룬씨 입니다.
ขอกุญแจด้วยค่ะ	열쇠를 주세요.
ค่านายหน้าใครเป็นคนจ่ายครับ	중개 수수료는 누가 내요?
ค่าแก๊สจ่ายยังไงคะ	가스 요금은 어떻게 내요?
ขอเบอร์ติดต่อผู้ดูแลหน่อยครับ	관리인의 연락처를 주세요.
เดือนนี้ขอจ่ายค่าเช่าบ้านช้าหน่อยได้ไหมคะ	이번 달 집세를 조금 늦게 내도 될까요?
เดือนก่อนก็ช้านะครับ	지난 달에도 늦게 냈어요.
ดิฉันจ่ายค่าเช่าบ้านล่าช้าค่ะ	제가 집세를 연체했어요.
จะหักจากค่ามัดจำนะครับ หากผลัดค่าเช่าบ้าน	밀린 집세는 보증금에서 빼겠어요.

연습문제 정답

01

01. ไม่ได้ไปเมืองไทยนานแล้ว
02. เลยเวลาแล้ว
03. เป็นไปไม่ได้เลย
04. เขาไม่มาฉันก็เลยมาคนเดียว
05. คุณว่าจะประชุมบ่าย 3 โมง แล้วทำไมไม่รีบไปล่ะ
06. แล้วเมื่อวานนี้ทำไมไม่มาล่ะ
07. ในภาษาไทยมีคำหลายคำที่ชาวต่างประเทศรู้สึกว่าเข้าใจยากและใช้ไม่ถูก
08. ถ้าเห็นด้วยก็ยกมือขึ้น
09. ไม่ให้เขาไป
10. คุณพ่อคุณแม่อยากจะให้เธอจะเป็นนักธุรกิจที่ดีในอนาคต
11. ผมรักประเทศไทยมากกว่าที่ใดในโลก
12. ก่อนที่ฉันจะกลับบ้าน ฉันทำการบ้านเสร็จเรียบร้อยแล้วในห้องสมุด

02

01. วันนี้ไม่มีงานที่จะทำ
02. ถ้าหากคุณอ่านเรื่องต่อไปนี้ ก็จะทราบประวัติความเป็นมาของกาแฟได้เป็นอย่างดี
03. ข้าศึกได้บุกเข้ามาทำลายวัดจนหมดสิ้น
04. เขาตื่นสายก็เลยคงจะไปถึงบริษัทไม่ทัน
05. สุดาเป็นนักเรียนที่มีมารยาทเรียบร้อยเช่นเดียวกับฉัน
06. เราควรปฏิบัติตามกฎหมาย
07. น้ำส้มนี้หวานเหมือนน้ำผึ้ง
08. บางทีนักวิทยาศาสตร์ใช้ปลาเป็นสัตว์ทดลอง
09. เราไม่ใช้ห้องนอนเป็นห้องกินข้าวหรือห้องรับแขก

03

01. จากบ้านถึงที่ทำงานเดินไปใช้เวลาประมาณ 40 นาที
02. ข้าวไม่เพียงแต่เป็นอาหารหลักของประเทศไทยเท่านั้น แต่ตอนนี้ข้าวยังได้กลายเป็นสินค้าส่งออกที่สำคัญอย่างหนึ่งอีกด้วย
03. ชาวจีนชอบอยู่ในประเทศไทยเพราะเมืองไทยอุดมสมบูรณ์ด้วยข้าวปลาอาหารและมีทางหากินง่ายกว่าประเทศจีน

04

05

06

05 ชาวมุสลิมที่แต่งงานกับคนไทยและมีลูกหลานแล้วมีน้อย

06 อย่าถือคนบ้า อย่าว่าคนเมา

07 คนไทยมักจะชอบปลามากว่าประเภทเนื้อ

08 คุณพ่อมักจะขับรถไปทำงานที่บริษัท

09 ไม่ว่าเป็นคนประเทศใดก็ตามชอบประเทศไทย เพราะว่าประเทศไทยมีสถานที่ท่องเที่ยวอันงดงามทางธรรมชาติ

07

01 ผมไม่เคยไปต่างประเทศเลยแม้แต่สักครั้งเดียว

02 ผลกล้วยมีรสอร่อยและมีประโยชน์ต่อร่างกาย

03 อัตราแลกเงินในวันนี้ คือ 1 บาท ต่อ 35 วอน

04 ช่วยต่อห้อง 504 หน่อยครับ

05 ทีมเกาหลีชนะทีมไทย 3 ต่อ 2

06 เขาดื่มเหล้ากับเพื่อน ๆ จนถึงเมา

07 ฉันตั้งใจจะทำเรื่องนี้ให้เสร็จในเดือนหน้า

08 คุณชนะฉันไม่ได้โดยเด็ดขาด

09 คุณพ่อไม่ได้ผิดกฎหมายอย่างเด็ดขาด

10 ขอให้ประสบความสำเร็จอย่างที่ตั้งใจไว้

08

01 ปราศจากที่อยู่อาศัย

02 ฉันคอยคุณตั้ง 3 ชั่วโมง

03 บางทีก็พลาดได้

04 ในขณะที่ประเทศไทยกำลังพัฒนาไปสู่การเป็นประเทศอุตสาหกรรม ปัญหาสุขภาพของประชาชนก็ทวีมากขึ้น โดยเฉพาะปัญหาสิ่งแวดล้อม

05 เวลาฉันไปประเทศไทยส่วนใหญ่ใช้สายการบินไทย

06 ในภาคเหนือของประเทศไทยยังมีชาวเขาหลายเผ่าพันธุ์ที่อาศัยอยู่ตามภูเขาและป่าอยู่

07 คนไทยรักษาวัฒนธรรมทางมารยาทมาเป็นเวลานาน

08 เข้ามาทีละคนตามลำดับนะคะ

09 เดี๋ยวนี้ฐานะรายได้ของชนบทไม่ด้อยไปกว่าเมือง

10 ดูเหมือนว่าเขาเรียนเก่งที่สุดในหมู่พวกเรา

11 ในฤดูฝนนั้นต้องระวังการเดินทางและควรนำเสื้อกันฝนติดตัวไปด้วย

12 ภาษาไทยนั้นยิ่งเรียนก็ยิ่งยากและสลับซับซ้อนขึ้น

09

01 มีประชุมติด ๆ กัน 4 วัน

02 คิดอะไรต่ออะไรก็ปวดหัว

03 ในห้องอาจารย์นั้นมีแต่หนังสือต่างประเทศทั้งหมด

04 แน่นอนที่สุด นับจากนี้ไปจะเป็นยุคของคอมพิวเตอร์

05 ประธานสั่งให้เพิ่มเพิ่มปริมาณการผลิตมากขึ้นเรื่อย ๆ

06 ในไม่ช้าเขาจะไปเรียนต่อประเทศไทย

07 วัดพระแก้วเป็นวัดที่ใหญ่ที่สุดและเก่าแก่ที่สุด

10

01 ตามธรรมดาถึงฤดูหนาวแล้วอุณหภูมิลดลงกว่า 5 องศาเซลเซียส

02 รู้ว่าค่าครองชีพในประเทศไทยถูก ที่ไหนได้บางสิ่งบางอย่างแพงกว่าประเทศเกาหลีด้วยซ้ำ

03 ปกติฉันไม่ค่อยชอบประเภทเนื้อ

04 ในประเทศไทยชาวกะเหรี่ยงบางพวกมาจากเมียนมาร์ บางพวกมาจากจีนใต้

05 นอกจากภาษาไทยแล้วคุณสามารถพูดภาษาต่างประเทศอะไรได้อีกบ้าง

06 เขายังไม่ได้ตัดสินใจว่าจะเรียนต่อหรือไม่ก็จะเข้าทำงาน

11

01 สักวันหนึ่งผมก็จะได้เป็นคนรวย

02 เขาอาศัยอยู่ที่เชียงใหม่ตั้งแต่ไหนแต่ไร

03 กล้วยนี้มีรสชาติไม่เลว ซื้อที่ไหนครับ

04 ฉันยินดีมากที่คุณได้มาเยี่ยมประเทศเกาหลี

05 พูดตรงไปตรงมาผมไม่สามารถช่วยคุณได้อีก

12

01 เขาสามารถพูดทั้งภาษาอังกฤษ ภาษาฝรั่งเศส และภาษาไทยได้คล่อง

02 เขาทำตัวเป็นคนรวย แต่ความจริงหาใช่เป็นคนรวยไม่

03 ครูอำไพเป็นครูประจำชั้นของเกื้อ

04 ถ้าเรียนหนังสือนี้แล้วสามารถจะพูดภาษาไทยได้ไม่มากก็น้อย

05 ถึงแม้ว่าเขาได้ขโมยของคนอื่น แต่อันที่จริงเขาเป็นคนมีนิสัยดี

06 นายแพทย์ผู้นั้นมั่นใจว่าถ้าจะชวนชาวบ้านให้ดื่มน้ำที่ต้มแล้วก็คงจะไม่เป็นอหิวาตกโรค

07 เขาติดไข้หวัด ดังนั้นเขาจึงบอกว่าไม่สามารถจะเข้าประชุมได้

01　พอหมดเวลาเรียน พวกนักเรียนพากันกลับบ้านหมด

02　เขาไปทำงานที่บริษัทแล้ว ทั้ง ๆ ที่วันนี้เป็นวันอาทิตย์

03　เขาเป็นอัจฉริยบุคคล ขนาดใคร ๆ ก็สรรเสริญ

04　ความปลอดภัยของผู้โดยสาร แล้วแต่การขับรถโดยปลอดภัยของคนขับรถ

05　ถ้าเป็นไปได้ขอร้องรับน้องของฉันไว้เข้าทำงานในบริษัทของคุณ

06　เราต้องปฏิบัติตนให้เหมาะสมกับสภาพดินฟ้าอากาศ

07　เขาเข้าบริษัทที่มีชื่อเสียงได้ก็สมควรแล้ว

08　เนื้อปลาเต็มไปด้วยโปรตีน ไขมัน และแร่ธาตุต่าง ๆ

09　ไม่เสียแรงที่ได้สอนภาษาไทย เนื่องจากมีลูกศิษย์ที่ทำงานอยู่ที่ประเทศไทยมากมาย

18

01　ถ้าซ่อมรถแล้วก็ใช้ได้อีกนาน ๆ

02　แผนกของเราประชุมทุกวันจันทร์ละครั้งในเวลา 10 โมงเช้า

03　ทานยามากเกินไปก็ไม่ดีต่อสุขภาพ

04　ซื้อในราคาแพงด้วยซ้ำ แต่คุณภาพไม่ดีกว่าของเดิม

05　แผนทำธุรกิจมีถมไป แต่เงินทุนไม่พอ

06　ถ้าวันนี้ทำงานไม่เสร็จก็เอาไว้ค่อยทำพรุ่งนี้ก็แล้วกัน

07　ราคาวัตถุดิบนี้ คิด 2,000 บาทถ้วน ๆ ก็แล้วกัน

08　ผมจำใจต้องมาเชียงใหม่ เพราะได้รับเชิญตั้งนานแล้ว

01　ความสวยงามของเกาะภูเก็ตในประเทศไทยหาอะไรมาเทียบได้ยาก

02　พื้นที่ของประเทศเกาหลี หนึ่งในสาม ของประเทศไทยเท่านั้น แต่มีจำนวนประชากรค่อนข้างมาก

03　ตอนนี้คุณแม่ถึงกรุงเทพแล้วมั้ง

04　โดยปกติเราจะได้ยินคำกล่าวว่า 'ชาวนาคือกระดูกสันหลังของชาติ'

05　พี่สาวกับพี่ชายของฉันไม่เข้ากันก็เลยทะเลาะกันบ่อย

20

01　เขาเอาน้ำเดือดชงลงไปในหม้อ

02　เอาเอกสารนี้ไปให้หัวหน้า

03　ในฤดูร้อนมีลมพัดมาช่วยให้เด็ก ๆ ได้เล่นว่าว

  เครื่องคอมพิวเตอร์กลายเป็นเครื่องมือที่ดีที่สุดที่ช่วยตอบสนองความต้องการของมนุษย์

21

01 เขาเป็นคนยากจนก็จริงอยู่ แต่เขาพยายามช่วยเหลือคนอื่นเสมอเท่าที่จะทำได้

02 ถึงแม้ตัวเราอยู่ห่างกัน แต่จิตใจอยู่ใกล้ชิดเสมอ

03 ที่คุณพูดเช่นนั้นก็สมเหตุผลแล้ว ต้องรีบจัดการอย่างใดอย่างหนึ่ง

04 พอพบคุณแม่ที่พลัดพรากจากกันมาตั้ง 10 ปี เขาก็ร้องไห้ทันที

05 ตอนนี้ถึงเวลาที่จะต้องช่วยเกษตรกรให้ดำเนินอาชีพต่อไปได้แล้ว มิฉะนั้นพวกเขาก็คงจะยังชีพอยู่ไม่ได้

22

01 ตอนนี้เศรษฐกิจเกาหลีกำลังถูกคุกคามจากเศรษฐกิจของประเทศจีนที่มีค่าแรงงานถูก

02 สงสัยว่าเขามีความรู้เกี่ยวกับประเทศสักแค่ไหน

03 ห้ามส่งเสียงดังในสวนสาธารณะ

04 กว่าผมจะหาพิพิธภัณฑ์ใช้เวลาตั้ง 3 ชั่งโมง

05 เดี๋ยวนี้อาการป่วยของคุณพ่อค่อยยังชั่วขึ้นมามากแล้ว

06 อย่างไรก็ดีต้องทำงานนี้ให้เสร็จก่อนถึงพรุ่งนี้ให้ได้

07 ผมไปประเทศไทยทีไร ต้องไปเยี่ยมมหาวิทยาลัยที่ผมเคยเรียนต่อทุกที

23

01 แต่งงานได้ไม่นาน เขาหย่ากันแล้ว

02 จำนวนประชากรของประเทศจีนติดอันดับ 1 ในโลก
ยิ่งไปกว่านั้นบัดนี้ประเทศจีนกลายเป็นประเทศใหญ่ทางเศรษฐกิจอันสำคัญประเทศหนึ่ง

03 ไม่มีมนุษย์คนใดในโลกที่จะมีความสามารถเป็นเลิศเทียบเท่ากับเครื่องคอมพิวเตอร์

04 เขาจะกลับมาจากประเทศไทยภายใน 1 เดือน

05 ไหน ๆ ก็ซื้อเสื้อ จะซื้อของน้องให้ด้วย

memo

외국어 출판 40년의 신뢰
외국어 전문 출판 그룹
동양북스가 만드는 책은 다릅니다.

40년의 쉼 없는 노력과 도전으로 책 만들기에 최선을 다해온 동양북스는
오늘도 미래의 가치에 투자하고 있습니다.
대한민국의 내일을 생각하는 도전 정신과 믿음으로 최선을 다하겠습니다.

동양북스